FACULTÉ DE DROIT DE RENNES

THÈSE POUR LE DOCTORAT

DROIT ROMAIN

DES SERVITUDES RÉELLES

DROIT FRANÇAIS

DES TERRES VAINES ET VAGUES EN BRETAGNE

Par H. LEGEARD DE LA DIRIAYS

Avocat à la Cour d'appel

RENNES

TYP. OBERTHUR ET FILS, IMPRIMEURS DE L'ACADÉMIE

1878

THÈSE POUR LE DOCTORAT

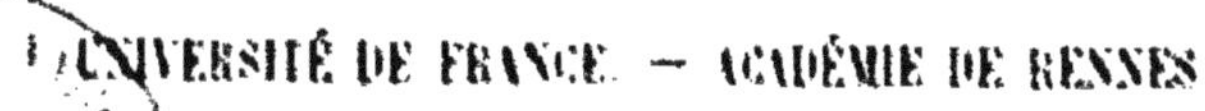

UNIVERSITÉ DE FRANCE. — ACADÉMIE DE RENNES

FACULTÉ DE DROIT.

THÈSE POUR LE DOCTORAT.

DROIT ROMAIN.

Des Servitudes réelles.

DROIT FRANÇAIS.

DES TERRES VAINES ET VAGUES EN BRETAGNE

Cette Thèse sera soutenue le samedi 1er juin 1878,

A DEUX HEURES ET DEMIE,

Par M. LEGEARD DE LA DIRIAYS (Henry-Aimé-Joseph-Marie),

Avocat à la Cour d'appel.

EXAMINATEURS :

MM. BODIN, doyen ; ÉON, MARIE, GUÉRARD, professeurs ;
RIPERT, CHATEL, agrégés, chargés de cours.

RENNES,
CH. OBERTHUR ET FILS, IMPRIMEURS DE L'ACADÉMIE.

1878.

A la mémoire de ma Mère

ET DES PARENTS QUE J'AI PERDUS

A MON PÈRE

A MA FAMILLE

A MES AMIS

DROIT ROMAIN.

Des Servitudes réelles.

SECTION PREMIÈRE.

Généralités.

Suivant la loi romaine la servitude prédiale, *servitus rerum* ou *prædiorum* est un droit établi sur un immeuble, pour compléter l'utilité ou l'agrément d'un autre immeuble appartenant à un propriétaire différent. « *Servitus prædiorum est jus in prædio alieno, ad augendam utilitatem vel amœnitatem alteri prædii.* »

Ce droit est par conséquent établi entre deux choses, entre deux immeubles. On appelle *fonds dominant, fundus cui servitus debetur*, l'immeuble au profit duquel la servitude existe, et *fonds servant, fundus serviens*, l'immeuble grevé de cette servitude. Les Romains considéraient que le droit qui existait au profit de l'un des immeubles et la charge qui en résultait pour l'autre étaient des qualités indélébiles des fonds de terre. Il faut ajouter qu'elles étaient, au point de vue de la chose asservie, des démembrements du droit de propriété, puisque le propriétaire du fonds servant diminuait cette propriété en les concédant au maître du fonds dominant.

Les servitudes réelles sont considérées comme étant des droits indivisibles, ne pouvant être constitués ni perdus pour une partie. Un individu propriétaire par indivis ne peut pas plus conférer valablement une servitude réelle sur sa part indivise qu'il ne peut perdre par le non-usage son droit de servitude réelle, alors que le copropriétaire l'a exercé et l'a conservé par le fait même de cet exercice.

La servitude réelle est enfin un droit attaché à l'immeuble et non à la personne.

Les servitudes réelles sont très-anciennes; conséquences nécessaires du droit de propriété, elles ont dû naître en même temps que lui, et leur utilité qui fut la cause de leur origine est indéniable; elles sont souvent indispensables au fonds dominant alors qu'elles nuisent fort peu au fonds servant.

Pour que les servitudes réelles soient établies légalement elles doivent réunir quatre caractères nécessaires.

I. — La servitude doit d'abord être imposée au fonds servant et non à la personne de son propriétaire; réciproquement, elle doit être établie pour compléter l'utilité du fonds dominant et non pour l'utilité directe de son propriétaire.

Distinguons ces deux règles que l'art. 686 du Code civil a simplement reproduites.

La première signifie que la servitude doit imposer au propriétaire du fonds servant la nécessité de souffrir quelque chose, mais elle ne saurait lui imposer un fait actif, l'obligation, par exemple, de faire la récolte du fonds dominant.

Si une telle obligation était stipulée, ce serait en vertu d'un contrat liant seulement l'obligé et intransmissible. La servitude, au contraire, ne périt point et tout détenteur du fonds servant est obligé de la subir.

Cette règle est fondée sur plusieurs raisons : 1° Quand un individu aliène la chose qu'il possède et se dépouille entièrement de son droit de propriété, il n'est tenu qu'à respecter la propriété de son acheteur, or ce qui est vrai lorsqu'il s'agit de l'entière propriété, doit être vrai de même lorsqu'il s'agit seulement de ses fragments ; 2° il est de l'essence des servitudes réelles d'être établies entre deux immeubles ; c'est le fonds servant qui est grevé et non son propriétaire, aucune action ne saurait donc lui être imposée ; 3° qu'arriverait-il si l'on admettait que les servitudes réelles pussent imposer un fait actif au propriétaire du fonds servant ? C'est qu'on établirait ainsi une véritable supériorité sociale se rattachant à la propriété immobilière, et c'est à l'abandon de cette règle que fut dû l'établissement du régime féodal.

La seconde règle décide, comme nous l'avons vu, que la servitude doit être établie pour compléter l'utilité du fonds dominant, et non pour l'utilité directe de son propriétaire. Il est impossible, par exemple, de créer, à titre de servitude réelle, un droit de chasse sur un fonds en faveur des propriétaires successifs d'un autre fonds, parce qu'en le faisant on aurait en vue l'agrément du propriétaire et non un but d'utilité pour sa propriété. — Une servitude doit, en effet, être établie entre deux immeubles, en vue de compléter l'utilité ou l'agrément de l'immeuble lui-même auquel elle profite, et si cette règle était abandonnée, la création de telles servitudes fonderait nécessairement en faveur de ceux qui les exerceraient une véritable supériorité sociale.

Est-ce à dire que ces droits, tels que la faculté de chasser, de se promener, etc., ne peuvent être constitués? Non, certes; propriétaire d'un immeuble, je peux acquérir de vous le droit de chasser ou de me promener sur votre fonds, mais ce droit réel que j'aurai acquis sera une servitude personnelle, une sorte de droit d'usage, s'éteignant avec ma vie ou avec la vente que je consentirai de ma propriété. En somme, nulle servitude prédiale grevant une personne, ou établie en faveur d'une personne; la servitude, qualité du fonds dominant, doit peser sur le fonds servant.

II. — La servitude doit être réellement utile au fonds dominant, car elle n'existe que pour l'avantage de ce fonds, et ce sont ses besoins qui déterminent l'étendue du droit. Mais nous savons qu'il ne faut pas restreindre la servitude à ce qu'exigent les besoins stricts du fonds; l'utilité absolue n'est pas la seule mesure, l'agrément *(amœnitas)* a aussi ce caractère (L. 3, D., XLIII, 20).

III. — La disposition matérielle des deux fonds doit permettre l'exercice utile de la servitude; ils doivent donc être voisins, mais la contiguïté absolue n'est pas exigée. Il en résulte qu'ils ne doivent pas être séparés par un obstacle qui rende l'assujettissement de l'un inutile à l'autre : point de servitude de vue par exemple entre deux maisons séparées par une montagne (LL. 38, 39, D., VIII, 2). Mais cette servitude peut être constituée malgré l'existence d'un ou de plusieurs héritages intermédiaires (L. 7, § 1, D., VIII, 4). De même un fonds peut acquérir une servitude de passage sur une propriété, même éloignée, mais qui lui serait accessible par la voie publique (L. 1, D., VIII, 2) (1).

IV. — La servitude doit avoir une cause perpétuelle; son

(1) Si le lieu intermédiaire est religieux, la servitude ne peut jamais exister (L. 17, § 3, D., XXXIX, 3).

exercice doit être perpétuellement et continuellement possible. « *Omnes servitutes prædiorum perpetuas causas habere debent* » (L. 28, D., VIII, 2). L'état des choses sur lesquelles la servitude est fondée doit être permanent, de façon qu'elle puisse être exercée indépendamment de toute intervention du propriétaire du fonds servant, et l'exercice du droit doit être assuré, non-seulement pour le présent, mais encore pour l'avenir.

La servitude était pour les Romains une qualité de l'immeuble et devait en avoir la perpétuité. Toutefois, sauf dans quelques cas assez rares, la condition d'une *causa perpetua* se trouvait remplie du moment que l'exercice de la servitude devait se prolonger pendant une durée indéterminable, et dont le terme ne pouvait être fixé, même approximativement. Ainsi, les servitudes *calcis coquendæ*, *lapidis eximendi*, etc., sont admises sans conteste, et pourtant les carrières destinées à fournir ces matériaux s'épuisent par l'usage.

Les jurisconsultes nous ont donné plusieurs divisions des servitudes réelles. Elles peuvent être rustiques ou urbaines, consister *in habendo, in prohibendo* ou *in faciendo;* elles peuvent enfin être positives ou négatives :

1° *Servitudes rustiques, servitudes urbaines.* — Dans quel sens faut-il entendre cette division créée par les Romains ? C'est là un problème qui a exercé pendant longtemps et exerce encore l'esprit et l'imagination des interprètes. L'intérêt qui se rapporte à cette grande division est du reste considérable, et pour bien le comprendre, il nous est nécessaire, avant d'énumérer les diverses opinions qui ont été émises, de faire brièvement ressortir les conséquences qu'entraine pour les servitudes la qualité d'*urbaine* ou de *rustique*.

Les servitudes rustiques établies sur les fonds d'Italie étaient, pour les Romains, des *res mancipi;* les servitudes urbaines étaient des *res nec mancipi,* et l'on sait de quelle importance était la qualité de *res mancipi.*

Les servitudes rustiques s'acquéraient par mancipation, ce mode d'acquisition n'était pas applicable aux servitudes urbaines.

Les servitudes tant urbaines que rustiques s'éteignaient *non utendo,* mais le point de départ était différent suivant que la servitude se rattachait à l'une ou à l'autre classe. Les servitudes rustiques causales pouvaient seules être hypothéquées.

Enfin le préteur garantissait au moyen d'actions possessoires, la quasi-possession des servitudes rustiques, celle des servitudes urbaines ne le fut que plus tard. Qu'est-ce donc que les *jura prædiorum urbanorum,* les *jura prædiorum rusticorum?*

Une définition donnée par les jurisconsultes romains nous serait bien nécessaire, mais nous n'en trouvons aucune chez eux en propres termes.

Les partisans d'une première opinion définissent les *prædia urbana* des fonds situés dans une ville ou dans sa banlieue et considérés alors comme des immeubles de plaisance plutôt que de rapport, et les immeubles rustiques des immeubles de produit. — De là, Heineccius a voulu conclure que les servitudes urbaines étaient celles qui étaient établies entre deux immeubles de plaisance, et les servitudes rustiques celles qui étaient établies entre deux immeubles de produit. La division des fonds eux-mêmes en immeubles de ville et immeubles ruraux ne fut point créée à ce point de vue, elle s'appliquait au pouvoir d'aliénation que pouvait posséder le tuteur sur les biens de son pupille.

Un second système est ainsi conçu : Si le fonds servant est bâti, la servitude est une servitude urbaine; la servitude est, au contraire, rustique si elle pèse sur un immeuble non bâti. Ce système nous semble encore erroné. Il serait singulier, en effet, que la qualité de la servitude variât suivant que le fonds servant est bâti ou non. D'autre part, cette définition est inexacte; il est certain, en effet, que, suivant ses termes, la servitude *non ædificandi* serait une servitude rustique; or, il est incontestable que tous les textes lui donnent le caractère de servitude urbaine.

L'interprétation dominante a été jadis de prendre ce génitif: *servitutes prædiorum rusticorum* ou *prædiorum urbanorum* dans son acception la plus simple, comme marquant la propriété, et d'en conclure que les locutions employées se réfèrent au fonds dominant. Cette manière de voir était depuis longtemps tombée en défaveur, lorsque M. Machelard en fit l'objet d'une dissertation spéciale et lui donna l'appui de son savoir. La plus grande objection contre cette interprétation est que souvent les mêmes servitudes sont susceptibles d'être établies aussi bien au profit d'un fonds rural que d'un fonds urbain, par exemple, celles de puisage, de passage, de ne pas bâtir, etc.; or, il serait singulier de les voir compter tantôt comme rurales et tantôt comme urbaines, tandis que leur nature n'a pas changé. Peu importe que la quantité et le mode varient, la nature de la servitude reste la même. Or, il paraît évident que les jurisconsultes romains ont attribué à chaque espèce de servitude un caractère fixe ou rural ou urbain. Toutes les servitudes ne peuvent, du reste, cadrer avec la définition donnée par les partisans de ce système, et pour qu'elle fût vraie, il faudrait que les servitudes diverses pussent toutes se concilier avec ses termes, et cependant en supposant que le fonds dominant ne soit pas bâti et que son propriétaire obtienne du voisin, en faveur de son fonds, la servitude *non ædificandi*, d'après ce système, la servitude devrait être rustique, et cependant les textes concordent pour la présenter comme étant une servitude urbaine.

Nous préférons nous rattacher à un quatrième système ainsi conçu et expliqué : A l'époque des origines du vieux droit romain à ce sujet, ce qui frappa les esprits, c'était la différence entre les services dans l'intérêt agricole et ceux dans l'intérêt des habitations. Les servitudes les plus usuelles, celles qui profitent communément à la culture des champs, entrèrent dans la catégorie des servitudes rustiques, celles qui profitent ordinairement aux habitations entrèrent dans la catégorie des servitudes urbaines. De là, l'origine du classement des servitudes rurales en choses *mancipi*, procurant aux cultivateurs l'avantage de n'avoir point à se transporter devant le magistrat pour les établir ou les éteindre.

Les jurisconsultes postérieurs continuèrent à procéder, non par définition, mais par énumération. Mais à l'époque classique, il était nécessaire d'adopter un critérium pour les distinguer. Quel était-il? Nous pensons avec Vinnius qu'il nous est fourni par ce fragment de Paul, inséré au Digeste : *Servitutes prædiorum, aliæ in solo, aliæ in superficie consistunt* (L. 3, D., VIII, tit. 1).

En examinant les divers exemples de servitudes cités par ce jurisconsulte en divers autres fragments, on s'aperçoit que toutes les servitudes urbaines répondent à cette qualification « *quæ in superficie consistunt,* » et toutes les servitudes rurales à celle-ci « *quæ in solo consistunt.* » Nous croyons donc pouvoir nous rattacher à cette formule : il est des servitudes qui prennent leur existence, leur élément essentiel et constitutif dans l'idée du sol (*in solo consistunt*), indépendamment de toute construction quelconque, chose accessoire qui peut se rencontrer ou non sur les fonds sans changer la nature de ces servitudes : telles sont celles de pacage, de puisage, etc. Il en est d'autres, au contraire, qui prennent leur élément essentiel et constitutif dans l'idée de superficie, c'est à dire d'une construction au-dessus du sol (*in superficie consistunt*), telles sont celles de jour, de vue, etc. Les premières sont rurales, les secondes urbaines. En un mot, toute servitude à laquelle vous ne pouvez songer sans que l'idée de construction se présente à votre esprit est une servitude urbaine, lors même qu'il n'existe pour le moment aucune construction, par exemple, la servitude *non ædificandi* établie au profit de mon champ; au contraire, est rustique la servitude que vous pouvez concevoir sans qu'elle appelle nécessairement dans votre esprit l'idée de construction (1). Faisons néanmoins cette réserve que les jurisconsultes romains ayant continué à procéder par voie d'énumération, il n'est pas dit qu'il ne puisse se trouver quelques servitudes qui aient peine à cadrer avec l'idée générale.

2° *Servitudes qui consistent* in habendo, in prohibendo *ou* in faciendo. — Les servitudes qui consistent *in habendo* sont celles qui donnent le droit de posséder perpétuellement un avantage sur un fonds étranger, comme les servitudes de balcon, de vue, etc. Les servitudes qui consistent *in prohibendo* sont celles, grâce auxquelles le propriétaire du fonds dominant peut empêcher le propriétaire du fonds servant de faire quelque chose sur son terrain. Citons comme exemple les servitudes *non ædificandi, non altius tollendi*, etc.

(1) Demangeat. *Cours élémentaire de droit romain*, t. I, p. 487.

Enfin celles qui consistent *in faciendo*, sont celles qui donnent au propriétaire du fonds dominant le droit de pénétrer sur le fonds servant. Citons de même, à titre d'exemple, la servitude de passage.

Que cette classification ait été ou non jadis admise par les Romains, ce que rien ne fait supposer, elle n'en est pas moins très-logique et surtout très-exacte, et c'est principalement à ce titre que nous la rapportons.

3° *Servitudes positives, servitudes négatives*. — Les premières sont celles qui consistent dans le droit pour le propriétaire du fonds dominant, d'avoir ou de faire quelque chose sur le fonds servant; ce sont celles qui ont été classées dans la précédente division sous les termes de servitudes consistant *in habendo*, et de servitudes consistant *in faciendo*. — Quant aux servitudes négatives, ce sont celles qui empêchent le propriétaire du fonds servant de faire quelque chose sur son propre fonds, ce sont ces servitudes qui consistent *in prohibendo*, comme la servitude *non ædificandi*.

SECTION II.

Des choses entre lesquelles le droit de servitude réelle pouvait être établi.

Le fonds servant doit être *intra patrimonium*; la servitude est, en effet, un démembrement du droit de propriété, et l'on ne peut posséder ce droit que sur les choses qui comprennent cette qualité. Quant au fonds dominant, il peut être *extra patrimonium*. Dans la loi 14, § 1, au

Digeste, livre VIII, titre Ier, Paul nous en cite un exemple : « *Servitus itineris ad sepulchrum privati juris* » *manet*... » Je possède un sépulcre, chose *extra patrimonium*; je pourrai parfaitement obtenir une servitude de passage pour y accéder. Les fonds d'Italie *mancipi* sont les seuls susceptibles de posséder des droits de servitude reconnus par le droit civil romain, mais il faut ajouter que la protection prétorienne s'étendait aux servitudes constituées sur des fonds provinciaux. De plus, les servitudes réelles ne peuvent exister qu'entre deux immeubles : « *Ideo autem hæ servitutes* (nous dit Justinien) *prædiorum appellantur quoniam sine prædiis constitui non possunt : nemo enim potest servitutem adquirere urbani vel rustici prædii, nisi qui habet prædium* » (Inst., lib. II, tit. III, § 3). Les Romains considéraient, en effet, les servitudes comme des qualités, des immeubles; et, d'après leur législation, un immeuble ne pouvait avoir de droit sur un meuble, en raison de son instabilité. C'est, du reste, la théorie adoptée par le Code civil français (art. 637).

Enfin, les servitudes réelles sont possibles sur les choses corporelles et ne le sont pas sur les choses incorporelles : *Servitus servituti esse non potest*, disaient les Romains. Remarquons cependant que, d'après le droit prétorien, l'emphytéote et le superficiaire pouvaient conférer des servitudes, ce qui constitue une véritable exception, l'emphytéose et la superficie étant considérées comme des choses incorporelles.

SECTION III.

Des droits du propriétaire du fonds dominant.

I. — Le propriétaire du fonds servant en concédant le droit de servitude, concède virtuellement les accessoires nécessaires à l'usage de cette servitude. Ainsi la servitude de puisage entraîne avec elle et implicitement une servitude de passage pour se rendre au lieu où elle doit être exercée; mais ce droit de passage est limité à l'exercice du droit dont elle est la conséquence. Quant au propriétaire de la servitude, il peut faire tous les travaux nécessaires à l'entretien des choses dans un état tel que l'exercice de son droit soit possible. Ainsi celui qui possède au profit de son fonds une servitude de passage peut entretenir le chemin objet de la servitude en état de viabilité (L. 10, D., VIII, tit. I).

Quand le propriétaire du fonds dominant cède son immeuble, il cède par là même et en même temps la servitude qui y est attachée. Mais il ne peut détacher cette servitude de son fonds pour en faire profiter un autre, en restant propriétaire de l'immeuble dominant, car c'est au profit de cet immeuble et non au profit d'un autre, que le propriétaire du fonds servant a concédé le droit de servitude (L. 44, D., XIX, tit. II). — L'exercice du droit de servitude est aussi, lui, incessible, sauf peut-être celui de la servitude d'aqueduc, dans le cas seulement où la quantité d'eau était déterminée par un titre ou un usage immémorial (L. 33, § 1, D., VIII, tit. III).

II. — *Droits du propriétaire du fonds dominant relativement aux diverses servitudes rustiques.* — Ces droits varient avec les différentes servitudes, et c'est en examinant celles dont les textes parlent le plus souvent que nous pourrons les déterminer.

1° *Servitude de passage.* — Suivant qu'elle a plus ou moins d'étendue elle prend tel ou tel nom ; les trois variétés de la servitude de passage sont :

(a) *Le jus itineris.* — *Iter*, dit la loi 1, D., VIII, 3, *est jus eundi, ambulandi hominis;* c'est le droit pour le propriétaire du fonds dominant, d'aller et venir sur le fonds servant ; le caractère réel de la servitude indique assez que *ambulare* ne doit pas être traduit ici par se promener, mais est plutôt synonyme de *ultro citroque commeare, ad usus prædio necessarios.* Le titulaire de la servitude peut passer, non-seulement à pied, mais encore à cheval (L. 12, D., VIII, 3) ; il peut même se faire porter en litière (L. 7, D., VIII, 3).

(b) *L'actus.* — C'est le droit de pousser du bétail devant soi, de conduire un troupeau (*agere*) (L. 235, D., L, 16). Mais accessoirement l'*actus* comprend deux autres droits : *Actus est jus agendi vel jumentum, vel vehiculum. Itaque qui iter habet, actum non habet; qui actum habet, et iter habet etiam sine jumento* (L. 1, D., VIII, 3). Les deux droits accessoires sont l'*iter* et le droit de passer avec une voiture. L'*actus* consiste donc dans la faculté de conduire un troupeau à travers le fonds servant. Le droit de passer seul, l'*iter*, est une suite naturelle de l'*actus;* mais il peut en être exclu par la volonté des parties (L. 4, § 1, D., VIII, 5), et pourtant la loi 1, D., XXXIV, 4, dispose : *Qui actu legato iter adimat nihil adimit; quia nunquam actus sine itinere esse potest.* — L'*iter* semble inséparable de l'*actus*. On peut sur ce point admettre une divergence d'opinion entre les jurisconsultes, ou plutôt concilier les textes en disant que la loi 1, D., XXXIV, 4, parle du passage à la suite des bestiaux, passage évidemment indispensable; l'*iter sine jumento*, le droit de passer seul n'a pas ce caractère de nécessité et rien n'empêche les parties de l'exclure. L'*actus* donne aussi la faculté de passer sur le fonds en voiture, ou d'y conduire des chariots (L. 7 et L. 1, D., VIII, 3).

(c) *La via*. — C'est la servitude de passage dans sa plus grande étendue: *Via*, dit Ulpien, *est jus eundi et agendi et ambulandi; nam et iter et actum in se via continet* (L. 1, D., VIII, 3). En un mot, la *via* comprend essentiellement tous les éléments principaux et accessoires des deux autres servitudes de passage; une convention qui voudrait les exclure ne manquerait pas d'effet, seulement le droit qu'elle établirait serait, non pas la *via*, mais une autre servitude, *iter* ou *actus*. Cette servitude est, en un mot, le droit d'user du chemin de toutes les manières possibles et à toute occurence.

La *via* diffère de l'*actus* sous quatre rapports: 1° on peut retrancher l'*iter* de l'*actus* et non de la *via* (L. 4, § 1, D., VIII, 5); 2° à la différence de l'*actus*, la *via* comprend le droit de traîner sur le sol (L. 7, D., VIII, 3); 3° celui qui a la servitude de *via* peut aller et venir sur le chemin *hasta erecta*, droit dont on n'a pu, jusqu'à présent, déterminer bien exactement la nature, mais qui signifie probablement que le propriétaire du fonds dominant peut empêcher le propriétaire du fonds servant de bâtir sur le passage et de l'entraver dans le sens de l'altitude (même texte); 4° la largeur de l'*iter* et de l'*actus* n'était pas précisée par la loi générale (L. 13, § 2, D., VIII, 3), la largeur de la *via* était, au contraire, déterminée par la loi des XII Tables; elle était de huit pieds en ligne droite et de seize dans les anfractuosités (L. 8, D., VIII, 3). Du reste, les parties peuvent, par leurs conventions, augmenter ou diminuer cette largeur, pourvu toutefois qu'elles laissent une place suffisante pour le passage d'une voiture (L. 13, D., VIII, 1; L. 23, D., VIII, 3).

2° *Servitude d'aqueduc.* — Les Romains comprenaient sous cette expression deux droits distincts : la servitude de prise d'eau et la servitude de conduite d'eau ; que ces droits fussent ou non réunis, on disait qu'il y avait *aquæductus* (L. 10, D., VIII, 3; L. 1, D., VIII, 3). L'étendue d'un *jus aquæductus* est déterminée par la convention des parties ou, à défaut, par les besoins du fonds dominant, tel qu'il se comportait au moment de la constitution. Quand il s'agit de la servitude de conduite d'eau, le titulaire de l'*aquæductus* peut placer des tuyaux dans le fonds asservi, mais non, à moins de convention spéciale, y établir des canaux en maçonnerie (L. 17, § 1, D., XXXIX, 3).

3° *Servitude d'aquæ haustus* ou servitude de puisage. — Elle consiste dans le droit de puiser de l'eau avec des seaux et comprend évidemment le *jus itineris* (L. 3, § 3, D., VIII, 3).

4° *Servitude d'abreuvoir (appulsus pecoris ad aquam).* — Cette servitude contient implicitement le droit d'*actus*.

5° *Servitude de pacage (jus pecoris pascendi).* — C'est le droit de mener paître sur le fonds d'autrui les bestiaux attachés à un autre fonds pour son exploitation (L. 1, § 1, D., VIII, 3). La servitude de pacage comprend évidemment l'*actus;* la loi 6, § 1, D., VIII, 3, permet encore, au moment de la constitution du *jus pascendi,* de stipuler le droit de construire sur le fonds servant une hutte, *tugurium,* qui puisse servir d'abri au berger.

6° *Jus calcis coquendæ.* — C'est le droit de faire cuire de la chaux sur le fonds voisin (L. 1, D., VIII, 3).

7° *Jus arenæ fodiendæ.* — Cette servitude consiste dans le droit d'extraire du sable sur le fonds servant (L. 1, D., VIII, 3).

La convention pourrait évidemment créer beaucoup d'autres servitudes rurales.

III. — *Droit du propriétaire du fonds dominant relativement aux diverses servitudes urbaines.* — Les principales servitudes urbaines énumérées par les textes sont :

1° *Servitude oneris ferendi.* — Son titulaire peut faire supporter par le mur du voisin ses constructions et les gros ouvrages qu'il peut édifier, et elle présente cette anomalie que le propriétaire du fonds servant est tenu à réparer son mur et à l'entretenir en bon état. Elle oblige donc à faire quelque chose ou plutôt le propriétaire n'est tenu à cet acte qu'en raison de sa chose, et il peut se soustraire à son entretien en l'abandonnant (L. 6, § 2, D., VIII, 5).

2° *Servitude tigni immittendi.* — C'est le droit de faire reposer ses poutres dans le mur du voisin, et rien n'empêche d'établir sur les poutres tels ouvrages qu'on veut (L. 8, § 1, D., VIII, 5).

3° *Servitude projiciendi.* — Elle consiste dans le droit que possède le propriétaire du fonds dominant de faire avancer en saillie sur le fonds voisin soit un balcon, soit des constructions quelconques.

4° *Servitude stillicidii vel fluminis recipiendi aut non recipiendi.* — C'est le droit de faire tomber sur le fonds d'autrui l'eau dégouttant naturellement d'un toit, *stillicidium*, ou celle qui préalablement réunie dans une gouttière tombe sur un petit nombre de points en masse compacte, *flumen*. Cette dernière servitude est évidemment plus lourde que la première.

Mais, peut-on dire, cette servitude qui consiste à obliger le voisin à recevoir l'égout des toits, soit sous forme de *stillicidium*, soit sous forme de *flumen*, se comprend parfaitement ; mais comment expliquer celle qui oblige un voisin à ne pas recevoir cet égout. Le droit commun n'est-il pas que le propriétaire d'un fonds ne peut forcer, sans acquérir ce droit, le détenteur de l'héritage contigu à recevoir l'eau de ses toits ? S'il n'y est pas forcé, comment comprendre que c'est à titre de servitude qu'il ne recevra point les eaux pluviales de l'héritage qui le borne ?

Trois explications ont été fournies. D'après une première opinion, on suppose que dans certains pays des règlements locaux ont obligé à recevoir les eaux, la servitude *non recipiendi* se comprend alors parfaitement. Nous avons peine, pour notre part, à admettre cette explication, parce qu'elle ne repose que sur une hypothèse que rien ne justifie.

D'autres pensent encore que pour l'expliquer il faut supposer qu'une servitude *stillicidii recipiendi* a été d'abord établie, puis que plus tard il ait été convenu que le voisin ne recevrait pas l'égout. Alors la servitude *stillicidii non recipiendi* aurait été créée. Ce n'est pas encore, croyons-nous, dans ce système qu'est la vérité, car la convention qui a pour but de faire cesser la première servitude opère seulement son extinction et n'en crée pas une nouvelle.

La vérité, ou du moins la vraisemblance, parait être dans un troisième système ainsi conçu : En général, la réception de l'égout est une gêne pour celui qui y est contraint, mais sous les climats des pays du Midi, où le besoin d'eau se fait la plupart du temps vivement sentir, il peut y avoir avantage à recevoir l'eau des toits de son voisin pour l'employer suivant ses besoins.

On comprend alors qu'un propriétaire stipule à titre de

servitude qu'il recevra l'égout, et dans ce cas ce sera l'immeuble où l'eau sera produite qui deviendra le fonds servant, tandis que celui sur lequel tomberont les eaux deviendra le fonds dominant.

5° *Servitude altius tollendi aut non altius tollendi.* — Le *jus altius non tollendi* consiste dans le droit d'empêcher le voisin de bâtir sur son fonds ou d'élever ses constructions au delà d'une certaine hauteur. La loi interdisait du reste toutes constructions pouvant priver de leur courant d'air la grange ou l'aire du voisin (L. 14, § 1, C., III, 31); mais jamais, semble-t-il, les jurisconsultes n'ont qualifié de *jus altius non tollendi* cette prohibition légale. Quant à cette servitude qui consiste dans le droit de bâtir librement (*jus altius tollendi*), il est assez difficile de la comprendre, et les mêmes difficultés se présentent ici que pour le *jus stillicidii non recipiendi*. Quelques-uns supposent qu'une hauteur maxima avait été fixée par des règlements municipaux pour les constructions, et que la dérogation à ce règlement constituait la servitude *altius tollendi*. Cette explication est difficile à admettre, puisqu'il est douteux que des règlements de cette sorte aient jamais existé, et que Justinien (II, 3, § 1) parle de ce droit comme d'une servitude générale. Comment d'ailleurs un voisin aurait-il pu abroger les règles de ces statuts qui, ayant pour but la sûreté publique, n'auraient pu être transgressées en vertu de conventions privées?

M. Demangeat prétend que le *jus altius tollendi* doit se concevoir comme étant une restriction apportée par convention, ou par prescription à un *jus altius non tollendi*. Quelle que soit la juste autorité qui s'attache aux opinions professées par ce jurisconsulte, il nous semble que le système qu'il a adopté n'est pas à l'abri de contestations. Qu'est, en effet, ce droit de pouvoir élever une construction à une hauteur indéterminée dans l'hypothèse qu'il suppose, sinon l'extinction de la servitude *altius non tollendi ?*

C'est encore, croyons-nous, dans les besoins locaux et les conditions climatériques de l'Italie, que l'on doit chercher la véritable signification de ce droit. Si d'ordinaire un propriétaire est intéressé à ce qu'un voisin n'établisse pas sur les limites des deux héritages un mur trop élevé, il peut en être autrement dans certains cas et ce propriétaire peut avoir intérêt à ce que son terrain soit protégé, par une construction élevée, contre le vent et les ardeurs du soleil ; c'est dans ces conditions qu'il peut stipuler l'établissement d'un mur très-élevé *(jus altius tollendi)* et son terrain ainsi abrité deviendra le fonds dominant, tandis que celui qui supporte la construction sera un fonds servant.

6° *Servitudes luminum, ne luminibus officiatur*, et *ne prospectui officiatur*. — Ces trois servitudes consistent en des droits de vue à des degrés différents. Le *jus luminum*, c'est l'obligation pour le voisin de recevoir, de souffrir nos jours, *excipere nostra lumina* (L. 4, D., VIII, 2), établis pour éclairer un appartement, mais placés à une hauteur telle qu'on ne puisse dominer le voisin. La *servitus ne luminibus officiatur*, est celle qui consiste dans le droit d'ouvrir sur son terrain ou plutôt dans son mur une fenêtre à hauteur d'homme permettant à l'air d'entrer dans les appartements et au jour de les éclairer. Quant à la servitude *ne prospectui officiatur* elle comprend le droit de garder la vue dans son intégralité. Non-seulement le propriétaire du fonds servant, ne doit pas diminuer les jours, *lumina*, mais il ne peut rien faire qui rende l'aspect désagréable ou même en diminuer la beauté ; le *prospectus* est donc le droit, pour le propriétaire du fonds dominant, *ne quid ei officiatur ad gratiorem prospectum, et liberum* (L. 15, D., VIII, 2). Telles sont, d'après les textes les principales servitudes prédiales, tant urbaines que rurales.

SECTION IV.

De la constitution des servitudes réelles.

Pour exposer les divers modes de constitution des servitudes réelles, il faut nous placer successivement sous l'empire du droit civil, du droit prétorien et du droit de Justinien.

§ I. — *De la translation de la servitude.*

I. — *Droit civil.* — Une servitude réelle ne saurait s'acquérir par tradition. Le droit civil regarde les choses incorporelles comme n'étant pas susceptibles de possession, et par suite, comme ne pouvant être l'objet d'une tradition. — Il en est de même de l'usucapion, ce mode ne peut s'appliquer à l'acquisition des servitudes pour le même motif. *Incorporales (res) traditionem non recipere manifestum est* (Gaii Comm., § 28).

Cependant, il paraît que dans le très-ancien droit, l'usucapion s'était appliquée aux servitudes, puisque la loi *Scribonia*, nous dit Paul (L. 4, § 29, D., XLI, 3), a fait disparaître cette usucapion.

La mancipation permet d'établir les servitudes *rustiques* par voie de translation, c'est-à-dire lorsqu'on grève son fonds d'un droit au profit du voisin. — La mancipation n'a lieu que pour les fonds situés en Italie ou pour les fonds provinciaux gratifiés du *jus italicum;* elle ne s'applique, du reste, qu'aux choses *mancipi*, et nous avons vu que les servitudes rustiques rentrent dans cette catégorie (Gaii Comm., II, § 29).

Les servitudes urbaines ne sont pas des *res mancipi*, elles ne peuvent donc s'acquérir par ce mode. Les servitudes rustiques sont plus anciennes que les autres, et, d'autre part, elles sont indispensables à l'agriculture. Les servitudes urbaines, au contraire, ne sont nées que par suite de la juxtaposition des édifices, et cette juxtaposition eut lieu assez tard, les Romains ayant l'habitude de laisser un certain terrain libre entre leurs maisons (*insulæ*). Quand les servitudes urbaines furent créées comme conséquences de l'extension des villes romaines, le catalogue des *res mancipi* était formé et on n'y voulut point toucher. La *cessio in jure* est le véritable mode de translation des servitudes, soit rustiques, soit urbaines. Ce mode étant un mode quiritaire d'acquisition, il n'est applicable qu'aux fonds italiques, auxquels il transfère le *dominium ex jure Quiritium*, qui ne saurait exister sur les fonds provinciaux. Pour leur en faire l'application, on se servait de pactes et stipulations; à la suite du pacte qui était le contrat, se plaçait la stipulation qui contenait une clause pénale; ce moyen ne créait pas un droit réel, mais seulement des obligations garanties par une peine.

Les servitudes réelles peuvent encore être constituées par adjudication; mais il était indispensable que le *judicium* fût *legitimum*, c'est-à-dire que l'action eût lieu à Rome ou dans la banlieue, que tous les plaideurs fussent citoyens romains, et enfin qu'il y eût un juge unique.

Enfin la loi dans le legs *per vindicationem* peut être

un mode de constitution des servitudes. Les autres espèces de legs ne créent au profit du légataire qu'un droit de créance. C'est l'héritier qui pour s'acquitter de son obligation établira le droit réel.

Les fonds provinciaux n'étant pas susceptibles de *dominium*, il ne peut y avoir sur eux de véritables servitudes dans les principes du droit civil. Mais au moyen de pactes et stipulations, on arrivait, comme nous l'avons vu à propos de la *cessio in jure*, à constituer l'équivalent d'une servitude. Voici comment l'on procédait : Je conviens avec vous, par exemple, que j'aurai le droit de passer sur votre fonds; c'est là un simple pacte qui ne me donne aucune action. Mais pour me procurer une garantie, je stipule de vous que vous me paierez tant, au cas où vous m'empêcheriez de passer. Par cet expédient du pacte suivi de stipulation je n'acquiers pas une véritable servitude, puisque la stipulation ne crée que des obligations et non des droits réels, mais j'acquiers un avantage à peu près égal à celui que je retirerais de la servitude proprement dite. Seulement cette équivalence disparaîtra lorsque le fonds provincial sur lequel aura été constitué de cette façon le droit en question n'appartiendra plus au promettant et aura été transmis à un nouveau possesseur. Celui-ci, à moins qu'il ne soit un successeur universel du promettant, n'est obligé en rien par la convention et stipulation intervenue. Il aura donc le droit de s'opposer aux actes de servitude, sans encourir la peine portée par la stipulation. C'est le possesseur primitif, qui, en sa qualité de promettant, demeurera tenu du paiement de la peine envers le stipulant.

Dans le cas où c'est le fonds au profit duquel la stipulation a eu lieu qui a été transmis à un nouveau possesseur, le droit de servitude subsistera. En effet, le nouveau possesseur jouira, en vertu d'une cession expresse ou tacite, de la même action que son auteur.

II. — *Droit prétorien.* — D'après le droit prétorien, les servitudes sont susceptibles d'une quasi-possession qui résulte de leur exercice même. En conséquence de ce principe, plusieurs extensions ont été apportées par le préteur aux modes d'établissement reconnus par le droit civil. Ces innovations ont toutefois été assez tardives; elles n'existaient pas encore au temps de Labéon (L. 20, D., VIII, 1).

Les servitudes peuvent s'établir par une convention suivie d'une sorte de tradition (*quasi traditio*) consistant dans la souffrance (*patientia*) consentie par le propriétaire du fonds servant : *Traditio plane,* dit Ulpien, *et patientia servitutum inducet officium prætoris* (L. 1, § 2, D., VIII, 3).

Quant aux servitudes négatives, il est probable que le droit prétorien était alors impuissant, mais les textes manquent complétement à cet égard. Celles qui sont établies sur les fonds provinciaux peuvent être transférées par la quasi-tradition prétorienne.

La *præscriptio longi temporis* est encore un mode de translation des servitudes *jure prætorio.* Mais s'applique-t-elle aux servitudes rustiques? M. Ortolan ne le croit pas et il fonde son opinion sur la discontinuité de la possession. S'il nous était permis de donner notre avis, nous dirions avec un second système que nous croyons à son application, car l'on possède toutes les fois qu'on exerce un droit comme propriétaire. Quant aux servitudes négatives, il est impossible de faire à leur égard des actes de possession. Aussi semble-t-il admis assez généralement que la *præscriptio longi temporis* ne peut s'y appliquer.

Quelles étaient les conditions de la *possessio longi temporis* appliquée aux servitudes? Le petit nombre de textes qui existent sur ce point nous laisse dans une certaine obscurité. Il est probable que la *longa possessio* de la servitude devait avoir duré dix ans entre présents et vingt ans entre absents. La loi 2, au Code (tit. XXXIV, *de Servitutibus*, L. 3), le décide formellement pour la servitude de prise d'eau.

Il semble enfin que la *longa possessio* devait être accompagnée du juste titre et de la bonne foi. C'était le droit commun et aucun texte ne vient le contredire en notre matière.

Enfin, l'*adjudicatio* faite dans un *judicium imperio continens* pourrait établir une servitude réelle qui serait maintenue *jure prætorio*.

III. — *Droit de Justinien.* — A l'époque de Justinien, la *mancipatio* et la *cessio in jure* ont disparu. Les servitudes s'établissent au moyen de la quasi-tradition, de la *præscriptio longi temporis*, de l'*adjudicatio* et d'un legs quelconque.

Si quis velit vicino aliquod jus constituere, dit cet empereur dans ses Institutes, lib. II, tit. IV, § 4, *pactionibus atque stipulationibus id efficere debet*. Justinien, en parlant de pactes et stipulations, reproduisit le § 31, Gaii Inst., C. II. Le procédé qui s'appliquait autrefois pour constituer l'équivalent d'une servitude sur les fonds provinciaux par des pactes et stipulations, s'applique sous cet empereur à toute espèce de fonds. Il suppose évidemment que le pacte ou la stipulation a été suivie d'une quasi-tradition de la part du propriétaire obligé et l'expression *constituere jus* renfermée dans la phrase citée plus haut ne veut pas dire nécessairement établir un droit réel de servitude. Les jurisconsultes employaient parfois la même expression pour désigner l'effet d'un legs *per damnationem*, legs qui ne produisait pourtant qu'un simple droit de créance.

En outre, il serait bien étrange que le simple consentement, qui est impuissant à transférer la propriété, suffit pour en transférer un démembrement. Cette anomalie se rencontre, il est vrai, à propos du pacte d'hypothèque, mais les jurisconsultes la font remarquer et disent qu'elle est unique. A la différence de la constitution des hypothèques, celle des servitudes n'était pas vue avec faveur; il est peu probable qu'on ait commis à son profit une telle dérogation aux principes de la translation des droits réels. D'ailleurs, une réforme si importante n'aurait-elle pas laissé des traces nombreuses dans les textes, si effectivement Justinien l'avait introduite?

Une nouvelle difficulté se présente ici. Jadis les servitudes négatives pouvaient s'établir au moyen de la *cessio in jure*. Or, nous avons vu que sous Justinien ce mode de constitution n'existait plus. Comment pouvaient-elles donc être créées à cette dernière époque?

Les uns ont prétendu qu'on ne pouvait sous cet empereur établir de servitudes négatives comme droits réels; d'autres ont dit, sans que rien vienne confirmer leur opinion, que Justinien avait entendu maintenir, pour ce cas seulement, la *cessio in jure;* d'autres enfin ont cru que la servitude s'établissait *solo consensu*. Qu'il nous suffise de faire remarquer que certains événements positifs peuvent constituer la quasi-tradition d'une servitude négative. Supposons, en effet, que le propriétaire du fonds servant commence à bâtir et que le propriétaire du fonds dominant fasse arrêter les travaux, il y aura par ce fait une prise de possession de la servitude négative. Il est supposable que la plupart du temps, le propriétaire du fonds qui devait devenir le fonds servant, feignait de commettre un fait contraire à la servitude, et que celui du fonds dominant y mettait obstacle, la servitude était alors constituée.

La *præscriptio longi temporis*, l'*adjudicatio* et le legs composaient les autres modes qui, à cette époque, servaient à la translation de la servitude. Remarquons enfin que toute espèce de legs pouvait les transférer, puisqu'en ce temps ces mêmes legs, de quelque façon qu'ils fussent faits, pouvaient transférer la propriété.

§ 2. — *De la déduction des servitudes réelles.*

Il y a déduction d'une servitude, lorsqu'en aliénant un de ses fonds le propriétaire se réserve sur lui un droit de servitude quelconque au profit d'un autre fonds dont il reste propriétaire.

I. — *Droit civil.* — La déduction des servitudes pouvait se faire au moyen de la mancipation, de la cession *in jure* et des legs, mais elle n'était pas possible par tradition.

II. — *Droit prétorien.* — Le préteur admettait la déduction des servitudes dans la tradition. Elle pouvait se produire de trois manières différentes :

1° J'aliène le fonds B en conservant une servitude au profit du fonds A, fonds dominant, qui en jouira au détriment du fonds servant B ; c'est l'hypothèse ordinaire, celle que nous avons indiquée plus haut.

2° Je suis propriétaire de deux fonds, A et B, je vends le fonds A avec une servitude qui pèsera sur l'autre héritage B que je retiens (Remarquons qu'en ce cas il y a plutôt translation que déduction de la servitude).

3° Même hypothèse. Je suis propriétaire des deux immeubles A et B. — Je vends le fonds A à Primus, et le fonds B à Secundus, en stipulant que le fonds A sera grevé d'une servitude au profit du fonds B, ou *vice versa*. Il y a alors ici véritablement déduction.

En tous cas, la déduction devait être faite dans la tradition elle-même.

D'après le droit français (C. civ., art. 692, 693 et 694), une servitude peut être établie par destination du père de famille. Si un propriétaire possédant deux immeubles a, pendant sa possession, établi entre eux un état de choses tel que l'un soit en quelque sorte sous la dépendance de l'autre, et qu'il vienne à vendre un de ces fonds, le fonds vendu continue à profiter de cet état de choses, à la condition que la servitude ainsi créée soit continue et apparente. — Cette théorie du Code français fut empruntée aux art. 692 et suivants de la Coutume de Paris, et la législation romaine n'admit jamais la destination du père de famille. Si le propriétaire primitif voulait que l'état de choses préexistant fût maintenu, il devait le stipuler au moyen d'une clause formelle et expresse (L. 1, D., XXXIII, 3).

III. — *Droit de Justinien.* — Les servitudes pouvaient être déduites soit dans la tradition, soit dans le legs.

SECTION V.

Des modalités en matière de servitude.

D'après le droit civil, une servitude réelle ne peut être affectée d'aucune modalité (L. 4, D., VIII, tit. 1). La servitude doit être considérée comme établie purement et simplement si un terme ou une condition y ont été adjoints. Toutefois le préteur accordait l'exception *doli mali* ou *pacti conventi* pour faire respecter le terme, la condition suspensive ou la condition résolutoire qui avait été ajoutée; il ordonnait dans dans la formule d'examiner, non-seulement si la prétention était juridique, mais encore s'il n'y avait pas dol ou convention contraire. — Justinien adopta ce système en entier.

SECTION VI.

De l'extinction des servitudes réelles.

Les causes d'extinction des servitudes réelles sont au nombre de six à savoir :

Le non-usage;

La cession faite au propriétaire du fonds servant;

La confusion;

Le changement survenu à l'un des deux fonds;

L'expiration du terme ou l'arrivée de la condition, d'après le droit prétorien;

La résolution du droit du constituant.

1° *Non-usage.* — Les servitudes sont susceptibles de se perdre par le *non usus*, continué pendant un certain temps. Dans l'ancien droit il devait avoir duré deux ans. Ce délai de deux ans commençait à courir, lorsqu'il s'agissait d'une servitude rustique, à partir du jour où l'ayant droit, c'est-à-dire le propriétaire du fonds dominant, avait cessé d'exercer ce qui constituait son droit. S'il s'agissait, au contraire, d'une servitude urbaine, le délai ne courait que du jour où le propriétaire du fonds servant avait fait un acte portant contradiction au droit du propriétaire du fonds dominant, c'est là ce que l'on appelait l'*usucapio libertatis* (L. 6, D., VIII, tit. II). S'il s'agissait, par exemple, d'une servitude de vue, la servitude ne serait pas perdue par cela seul que j'aurais obstrué ma fenêtre pendant deux ans, il faudrait que le propriétaire du fonds que je domine eût fait un acte contraire à mon droit, par exemple, qu'il eût élevé un mur devant ma fenêtre. Voici comment s'explique cette différence : Les servitudes urbaines présentent un caractère de continuité, elles consistent activement *in habendo* ou *in prohibendo*, et ne demandent pour s'exercer aucun fait actuel du propriétaire du fonds dominant. Le débiteur de la servitude souffre d'un état de choses permanent; il faut qu'il usucape la liberté de son fonds en faisant un acte contraire à la servitude. Tout autres sont les servitudes rustiques. Leur exercice réclame un fait actuel de l'homme, elles consistent *in faciendo* pour le propriétaire du fonds dominant. Quant au propriétaire du fonds servant, il n'est tenu qu'à supporter des actes intermittents. Il doit être considéré comme se trouvant en possession continuelle de sa liberté. La simple cessation du fait qui constitue l'exercice de la servitude doit donc suffire pour rendre à sa liberté le fonds servant. Le propriétaire du fonds dominant doit, s'il veut conserver son droit de servitude, en user *en qualité de maître du fonds dominant*. Si, par exemple, il avait passé sur un fonds qui lui devait le passage sans avoir l'intention d'user de la servitude ou en croyant passer sur un chemin public, sa servitude s'éteignait par le *non usus* au bout du temps légitime, car il n'était pas censé l'avoir exercée (L. 25, D., VIII, tit. VI).

Pour que la servitude soit conservée, il n'est pas nécessaire que les actes d'exercice proviennent du propriétaire du fonds dominant. Non-seulement ceux qui seraient faits par un usufruitier ou par un fermier, mais même ceux qui émaneraient d'un possesseur de mauvaise foi empêcheraient l'extinction de la servitude (L. 24, D., VIII, tit. VI).

Le propriétaire du fonds dominant doit, en second lieu, *se conformer à son droit*. Sans cela il exercerait une autre servitude et ne saurait conserver ainsi la première. Enfin il doit avoir exercé cette servitude *dans ce qui en constitue la chose essentielle*. Ainsi il perd le droit de puisage à un puits, s'il s'est contenté de s'y rendre sans puiser de l'eau.

Lorsque le *non usus* a été causé par une force majeure, le propriétaire du fonds dominant doit être restitué contre la perte de sa servitude. Il y aurait lieu, par exemple, à restitution si le fonds grevé d'une servitude de passage avait été inondé par le débordement d'une rivière, et que les eaux ne se fussent retirées qu'après l'expiration du temps requis pour la perte de la servitude par le *non usus* (L. 14, D., VIII, 6).

Sous Justinien, le délai de deux ans est porté à dix ans entre présents et vingt ans entre absents, c'est le délai de l'ancienne *præscriptio longi temporis;* mais nous ne croyons pas qu'il faille en conclure, Justinien n'en ayant pas parlé nulle part, qu'il est nécessaire qu'outre le non-usage, le propriétaire du fonds servant ait juste titre et bonne foi et qu'il ait exercé lui-même la servitude.

2° *Cession faite au propriétaire du fonds servant.* — La remise que le propriétaire du fonds dominant fait de son droit de servitude peut être expresse ou tacite : la remise expresse s'opère habituellement *in jure*. Il y a encore remise expresse lorsque l'ayant droit à la servitude lègue au propriétaire assujetti la liberté de son fonds.

La remise est tacite lorsque le propriétaire du fonds dominant permet au propriétaire du fonds servant de construire quelque ouvrage, tel qu'un mur de clôture, qui fera obstacle à l'exercice de la servitude (L. 8, D., VIII, 6).

Une conséquence nécessaire de l'indivisibilité de la servitude, c'est que la remise qui serait faite par l'un des propriétaires indivis du fonds dominant, n'aurait aucune valeur.

Justinien abolit la *cessio in jure* et se contenta probablement de la simple convention pour opérer cette remise.

3° *Confusion.* — Les servitudes *prædiales* s'éteignent encore par confusion. Il y aura extinction par ce mode toutes les fois que les deux fonds entre lesquels existe la servitude se trouveront réunis dans les mains du même propriétaire. Mais il faut que le propriétaire de l'un des deux fonds acquière la totalité de l'autre, s'il n'acquérait qu'une part *indivise*, la servitude subsisterait toujours. Lors de la réunion intégrale des deux immeubles la servitude s'éteint, *nemini res sua servit jure servitutis* et si l'acheteur vient plus tard à aliéner l'un de ces héritages la servitude ne renait pas à moins de clause formelle.

4° *Changement survenu à l'un des deux fonds.* — Les servitudes peuvent s'éteindre dans les cas exceptionnels, où soit le fonds dominant, soit le fonds servant viendrait à périr ou à subir une transformation telle que son exercice serait impossible. Mais il faut que la destruction soit définitive. Si ma maison est incendiée, par exemple, la servitude de balcon est éteinte, mais en reconstruisant l'édifice incendié je puis rétablir le balcon objet de la servitude que j'ai conservée.

Nous avons vu que les servitudes s'éteignent par le non-usage et cependant si l'état matériel des choses a été tel qu'il était de toute impossibilité d'exercer la servitude, si par exemple, possédant une servitude d'*aquæ haustus*, la source tarit pendant deux années et que l'eau vienne à jaillir à nouveau, le droit à la servitude était bien éteint d'après le droit civil, mais le préteur le remettait en vigueur en accordant au propriétaire du fonds dominant la *restitutio in integrum* (L. 35, D., VIII, tit. III).

5° *Expiration du terme ou arrivée de la condition.* — L'expiration du terme ou l'arrivée de la condition ne sont pas en droit civil des causes d'extinction des servitudes. Il faut appliquer ici littéralement le texte de Papinien (L. 4, D., VIII, tit. I). Lorsqu'une servitude prédiale aura été constituée *ad tempus* ou bien sous une condition résolutoire (*ad certam conditionem*), ces modalités seront en droit civil réputées non écrites; le principe de la perpétuité des servitudes s'oppose, en effet, à ce qu'elles soient établies de manière à n'avoir qu'une durée limitée. Le concessionnaire pourra donc, dans la rigueur des principes, revendiquer la servitude après comme avant l'arrivée du terme ou de la condition. Mais le préteur, en accordant au concédant l'exception *doli* ou *pacti conventi*, éteindra la servitude et sanctionnera ce mode d'extinction.

6° *Résolution des droits du constituant.* — Je vous ai conféré la propriété du fonds A, mais avec une condition résolutoire. Pendant que vous êtes propriétaire, vous établissez une servitude au profit du fonds B, puis survient l'événement qui vous dépouille de votre propriété; la servitude tient-elle? Est-elle éteinte, au contraire? Dans le principe, les jurisconsultes romains n'admettaient pas qu'une modalité pût affecter le *dominium*, et ils en concluaient que les droits réels imposés sur la chose par le propriétaire avant l'arrivée de la condition étaient parfaitement valables et devaient être conservés. Lors de cette première époque, la résolution du droit du constituant n'éteignait donc point la servitude. Mais plus tard, une théorie nouvelle, appelée théorie d'Ulpien, fut émise. On soutint que les modalités pouvaient parfaitement affecter la propriété, et l'on en conclut que les droits réels imposés sur la chose avant la résolution du droit devraient s'éteindre dans le cas de réalisation de la modalité prévue.

SECTION VII.

Des actions.

Deux actions différentes sanctionnaient le droit de servitude : une action civile, action *confessoria de servitute* et une action prétorienne, l'action *publiciana de servitute*. Examinons-en brièvement les caractères.

§ 1er. — *De l'action civile dite* ACTIO CONFESSORIA DE SERVITUTE.

L'action confessoire est celle au moyen de laquelle le demandeur soutient qu'il a sur une chose un droit de servitude *reconnu par le droit civil*. Elle est aux servitudes ce que la revendication est à la propriété.

Pour l'intenter il faut être propriétaire d'une servitude établie *jure civili*. L'action confessoire, étant en effet une action civile, ne saurait sanctionner un droit qui n'est reconnu que par le préteur.

L'action en revendication ne compète qu'au propriétaire qui a perdu la possession de sa chose. Au contraire, l'action confessoire est accordée à celui qui a le droit de servitude, non-seulement lorsqu'il a perdu la quasi-possession de la servitude et que, privé par conséquent du droit d'agir au possessoire, il n'a plus pour ressource que l'action au pétitoire, mais même lorsqu'il a la quasi-possession et pourrait se défendre au possessoire. D'où vient cette différence entre l'action confessoire et la revendication? Il ne peut pas être question, il est vrai, d'une possession proprement dite pour les servitudes, puisque ce sont des choses incorporelles; mais nous savons que le droit prétorien admet une quasi-possession, qui résulte de l'exercice même de la servitude, et nous savons de même qu'il y a certains interdits pour protéger cette quasi-possession contre ceux qui la contestent ou qui la troublent. Rien donc en matière de servitudes ne forçait d'accorder une action pétitoire à celui qui, ayant l'exercice de son droit, pourrait se borner aux moyens possessoires; rien n'empêchait d'établir ici comme en matière de revendication de propriété, une séparation marquée entre le pétitoire et le possessoire. Cette particularité de l'action confessoire s'explique par une raison historique. A l'époque où le préteur a créé la formule de l'action en revendication les interdits possessoires étaient déjà en vigueur; la *formula petitoria* fut donc destinée uniquement au propriétaire qui avait perdu la possession de sa chose. Quant au propriétaire investi de cette possession, il est protégé par les interdits; il n'y avait donc nulle nécessité de lui accorder un nouveau moyen de faire valoir son droit. Mais à cette même époque les interdits quasi possessoires, n'existaient pas encore. Le préteur dut, par conséquent, rédiger la formule de l'action confessoire sans distinguer si le demandeur avait ou non la *possessio juris*. Et quand plus tard furent créés les interdits quasi possessoires, la formule de l'action confessoire se maintint telle qu'elle était sans avoir désormais d'autre raison d'être que l'ancienneté de sa pratique.

Contre qui peut être intentée l'action confessoire? D'abord, contre toute personne qui fait obstacle au libre exercice de la servitude, que ce soit le propriétaire ou possesseur du fonds asservi, ou bien un tiers qui prétendrait avoir un droit incompatible avec l'existence de la servitude. Mais l'action confessoire est encore contre quiconque, sans même élever aucune prétention juridique contraire au droit de servitude, apporterait en fait un obstacle à son exercice.

Si le demandeur avait la quasi-possession de la servitude la présomption favorable existait à son profit et il n'avait rien à prouver; si au contraire il ne l'avait pas, le fardeau de la preuve lui incombait en entier.

§ 2. — *De l'action prétorienne appelée* PUBLICIANA DE SERVITUTE.

Le droit prétorien reconnait l'acquisition des servitudes, soit par la *quasi traditio*, soit par la *præscriptio longi temporis*. Le quasi-possesseur d'un droit de servitude est privé de l'action confessoire, puisque, *jure civili*, il n'a pas de droit; mais le préteur lui accorde l'action réelle prétorienne, l'action publicienne. C'est aussi la seule action réelle qu'on pourra avoir, s'il s'agit de fonds provinciaux.

L'action publicienne ne diffère d'ailleurs de l'action confessoire que par la nature du droit auquel est subordonnée son obtention.

DROIT FRANÇAIS.

Des Terres vaines et vagues en Bretagne.

PROLÉGOMÈNES.

Partout et de tout temps les terres vaines et vagues ont appelé l'attention des législateurs; il a dû en être ainsi à raison de leur importance et des avantages que leur mise en culture devait produire, et encore à raison de l'incertitude des droits qui s'y attachaient. Ces droits, en effet, se sont produits diversement, avec des attributs différents et quelquefois complétement contraires sous l'empire des anciennes Coutumes qui régissaient la France, et l'on reconnait, si on les examine, qu'ils ont pris leurs sources dans les mœurs anciennes et dans les habitudes particulières des peuplades qui étaient appelées à en bénéficier.

Sans rechercher dans la nuit des temps l'origine historique des possessions si variées dont elles furent l'objet, nous eussions désiré nous livrer à l'étude des lois qui les ont réglementées dans les divers pays; mais l'étendue d'un pareil travail et les développements qu'il eût comportés nous ont obligé à nous restreindre dans un cadre plus étroit ; et puisque nous appartenons à cette antique province de Bretagne, dont le territoire était naguère couvert de landes immenses et le sera longtemps encore dans quelques-unes de ses parties, nous avons pensé qu'il pourrait être tout à la fois intéressant et utile d'étudier, en cette matière, l'ancienne législation de notre pays, d'en interroger les institutions et ses antiques formules, et de rapprocher ces vieux monuments, qui seront bientôt ensevelis dans l'oubli, de la célèbre disposition de l'art. 10 de la loi du 28 août 1792, qui a inauguré un droit nouveau pour ce pays.

En effet, cette loi a édicté dans cet article, qui fera l'objet de notre étude, un droit tout particulier commandé par des nécessités locales exposées à l'Assemblée législative et comprises par elle, et qui résultaient d'une situation agricole qui a généralement cessé. Commentée dans des sens souvent opposés, elle a créé dans son application des difficultés bien nombreuses et bien graves, et c'est à peine si une jurisprudence, dont les premières décisions remontent à plus de soixante ans, les a entièrement tranchées.

Tel est l'objet de notre travail auquel nous joindrons l'examen sommaire de la loi de procédure du 6 décembre 1850, loi créée dans le but d'accélérer les partages et les mises en culture des landes de la ci-devant province de Bretagne, et particulièrement de diminuer l'énormité des frais judiciaires, qui ont pesé sur les actions en partage de ces terrains, jusqu'à sa promulgation.

PREMIÈRE PARTIE.

Droit particulier de la province de Bretagne sur les terres vaines et vagues avant 1789.

CHAPITRE PREMIER.

Des terres vaines et vagues ou communs.

On appelle généralement *terres vaines et vagues* ou *communs* celles qui étant décloses ne fournissent que des fruits naturels, produits spontanément sans le travail de l'homme; elles prennent, suivant leur nature particulière, les dénominations de *landes, marais, frost, frostages, gallois*, etc.

Quelle fut leur origine et comment furent-elles affectées à certaines réunions d'habitants? C'est là une question qui a exercé l'esprit et surtout l'imagination des anciens feudistes; mais lorsque l'on a examiné les divers systèmes qu'ils ont émis et les motifs sur lesquels ils les ont appuyés, l'on arrive à dire qu'il est à peu près impossible de reconnaître celui que l'on peut adopter avec une entière certitude.

Dans son *Traité de jurisprudence*, M. de Fréminville

attribue l'origine des *communaux* à l'occupation des Gaules par les Francs, vers l'année 486, lorsqu'ils eurent vaincu et asservi les Wisigoths et les Bourguignons. Suivant lui, les terres conquises furent divisées en trois parts, dont deux pour les vainqueurs et la troisième pour les vaincus.

Clovis, avec ses généraux, fit de la première le domaine royal; la seconde fut la récompense des officiers et chefs militaires, et ceux-ci s'étant divisé les domaines qui leur avaient été impartis, les peuplèrent d'habitants auxquels ils imposèrent des lois et des devoirs particuliers; ce fut en échange de ces devoirs et pour en assurer l'accomplissement que les chefs concédèrent aux habitants des terres pour la nourriture de leurs bestiaux et des bois pour leurs besoins. Ils prirent à leur égard le titre de *seigneurs*, et les devoirs auxquels ils les soumirent constituèrent sous les diverses formes qu'ils revêtirent ce que l'on appela généralement les devoirs et les droits féodaux ou le régime de la féodalité.

D'autres ont soutenu que cette division des terres conquises en trois parts était purement imaginaire, n'étant en effet appuyée sur aucun monument historique; ils ont dit que le territoire conquis par les Francs avait été immédiatement divisé par les vainqueurs, qui l'avaient affecté à des agglomérations d'habitants auxquelles ils imposèrent des lois, faisant ainsi de chacune de ces parties subdivisées entre les chefs, des possessions particulières, soumises à des règlements différents et constituant ce qui fut appelé fiefs et seigneuries (1).

D'autres, enfin, remontant à des temps encore plus reculés, ont prétendu avec raison, ce nous semble, qu'avant les

(1) Voir Basnage, sur l'art. 82 de la Coutume de Normandie, et Loyseau, *Traité des Seigneuries*, chap. XII, nombre 120.

conquêtes des Francs, il existait des terrains vagues, que la main de l'homme n'avait point transformés et qui dans l'état de nature étaient restés affectés à des populations ou à des communautés d'habitants qui n'en recueillaient que les fruits spontanés. Ces terrains, comme tous les autres, devinrent le prix des conquêtes; les vainqueurs, maîtres de tout le territoire des Gaules, comprirent qu'il était indispensable de les affecter aux usages des détenteurs des terres productives, afin de leur en faciliter l'exploitation; chacun d'eux, devenu maître absolu dans son territoire, se constitua seigneur à l'égard des vaincus réduits à l'état de servage. Ce fut ainsi que des lois particulières furent créées, se rattachant toutes à la domination du chef de l'État; voilà ce qui, par le produit des temps, forma la féodalité, les fiefs, les seigneuries, les juridictions, c'est-à-dire ces divisions et ces institutions relevant toutes, à des degrés différents, d'un maître suprême, *le Roi* (1).

Suivant Duparc, au tome II, page 74 de ses *Principes*, les divers systèmes n'offrent rien de certain et l'on peut dire qu'ils ne reposent que sur des conjonctures; aussi le savant auteur dit-il que l'origine des fiefs est de tout le droit coutumier la matière la plus obscure, et Montesquieu, dans son *Esprit des lois*, s'exprime ainsi lorsqu'il parle de la féodalité :

« Un chêne antique s'élève, l'œil en voit de loin les feuil-
» lages; il approche, il en voit la tige, mais il n'en aper-
» çoit point les racines; il faut percer la terre pour les
» trouver. »

Abordons maintenant l'étude de la législation tant ancienne que moderne sur les terres vaines et vagues de la

(1) Voir Hévin, *Questions féodales*, p. 149 et 150.

Bretagne; nous allons voir comment en ce pays, d'après ses constitutions propres, la féodalité était un droit réel inhérent à la terre; comment l'on y distinguait le fief servant du fief dominant; comment aussi le vassal était l'homme du seigneur, attaché à la glèbe. Quelque effacées qu'elles ont été par les modifications successives que les temps et les événements politiques ont apportées, l'on retrouve, cependant, dans toutes ces anciennes institutions, les traces des concessions primitives accordées par les anciens dominateurs à leurs sujets et vassaux. Il faut donc dire qu'elles ont eu pour principe le droit de conquête, afin de ne pas englober dans la même pensée la féodalité, institution gouvernementale, avec les abus qu'en firent trop souvent les seigneurs et qui devinrent d'odieuses spoliations au détriment des détenteurs d'héritages.

CHAPITRE II.

Notions générales sur les anciennes possessions bretonnes.

Sans vouloir remonter autrement que nous ne l'avons fait jusqu'ici, dans les temps les plus reculés, nous signalons un fait que l'état matériel des landes révélait naguère dans une grande partie de l'ancienne province et que l'on retrouve encore dans quelques localités, à savoir que beaucoup de ces terres avaient été jadis cultivées. Partout, en effet, l'on apercevait les traces des anciens sillons et les vestiges des fossés qui divisaient ces vastes domaines. Comment les anciens habitants de ces contrées avaient-ils pu mettre en valeur une aussi grande étendue de terrains, et quels étaient les moyens dont ils disposaient? C'est encore là une question sur laquelle les écrivains tant anciens que modernes ne sont point d'accord; ce qu'il faut tenir pour certain, c'est qu'une grande partie de ces vastes étendues que l'on appelle les *landes de la Bretagne* a été occupée autrefois, et il paraît probable que la dépopulation, produite par les troubles et les guerres, dont ce pays fut le théâtre, a été la cause de l'abandon de ces cultures (1).

Quels étaient alors les droits des possesseurs? Cultivaient-ils pour eux ou travaillaient-ils pour des maîtres? L'histoire est muette à ce sujet, mais le fait saisissant de ces anciennes cultures témoigne assez des révolutions qui se sont produites. C'est par elles que les vieilles institutions ont disparu, sans que l'on puisse en signaler la nature, et les situations anciennes ayant été entièrement effacées, l'on a vu régner à leur place un pouvoir dont l'existence s'est affirmée par cette puissante maxime :

Nulle terre sans seigneur.

Aussi était-il reconnu qu'en Bretagne il n'y avait point de *franc alleu*, car, suivant la *très-ancienne Coutume* (chap. XXIV), nul ne pouvait et ne devait avoir terres ou autres héritages en Bretagne sans en avoir seigneur (Voir Duparc, t. II, p. 366, n° 530) (2).

Telle est la base essentielle des institutions bretonnes, telle est leur source fondamentale; rien n'échappait au pou-

(1) Suivant Hévin, la Bretagne fut le théâtre de guerres générales ou privées depuis l'an 1100 jusqu'au commencement du XVIIe siècle, « *n'y ayant non-seulement maison, mais château et ville qui n'ait été prise et reprise* » (*Questions féodales*, p. 132).

(2) L'art. 328 de la Coutume réformée porte : « *Nul ne peut tenir terre en Bretagne sans seigneur, parce qu'il n'y a aucun franc-alleu en iceluy pays.* »

voir du seigneur, et les très-humbles vassaux ne pouvaient posséder que sous sa domination, à charge à eux de subir ses lois et de lui rendre foi et hommage. « Universalis re- » gula qua constituitur omnia in Britannia feudalia esse, » et beneficio alterius teneri » (D'Argentré, *Aitiologie*, art. 328).

Tout était donc dans sa main; c'est par lui que le vassal possédait, et le lien de foi qui l'unissait à lui était tellement puissant qu'il ne devait percevoir les fruits de ses héritages qu'à la condition de lui rendre la foi, c'est-à-dire de lui déclarer qu'il était son homme de toute chose.

« *Quand homme ou femme viennent à saisine de terre* » *par raison de leur droit, la terre doit être tenue en* » *foi, c'est à savoir comme de seigneur ou comme de ju-* » *veigneur d'aîné; l'on doit aller au prochain seigneur* » *à qui la foi doit être faite, et aussi à celui auquel la* » *ligence doit être faite, tout paravant que l'on levêge* » *rien des fruits ni des levées des héritages dont la foi* » *ou les ligences sont dues et dire ainsi ou paroles* » *semblables: Je dois etre votre homme de telles choses* » (*Très-ancienne Coutume de Bretagne*, t. II, p. 176, ch. CCXXII. — Voir aussi les art. 333 et suivants de la nouvelle Coutume indiquant les formes de l'hommage qui devait être rendu par le vassal au seigneur).

Ainsi se forma cette grande division pour les hommes et pour les possessions: les seigneurs qui absorbaient dans leur puissance et les hommes et les choses, les vassaux possédés et asservis au joug de leurs maîtres « *vassalus possidetur et non possidet.* » Le pouvoir du seigneur s'étendait même à la justice qu'il administrait à différents degrés : *haute*, *moyenne* et *basse*, suivant les juridictions; aussi était-il vrai de dire que chaque seigneur, dans son territoire, était un maître absolu, soumis sans doute à la loi générale, mais puisant dans cette loi elle-même les principes des pouvoirs les plus étendus.

L'humble vassal attaché à la glèbe était vraiment *l'homme de l'homme*, ne pouvant jamais se soustraire à l'empire et à la juridiction de son seigneur, triste condition, sans doute, qui avilissait l'homme en lui enlevant le bienfait inappréciable d'une sage liberté et qui effaçait sa personnalité sous la domination du maître. Quelque fâcheux que pussent être les effets d'un pouvoir aussi exclusif, ce que nous nous empressons de reconnaître et de proclamer, gardons-nous cependant de tomber dans des exagérations qui conduisent à dire que la féodalité était un état sauvage, et que partout et toujours, les seigneurs ont été d'impitoyables tyrans. Ce sont là des excès dus à cette circonstance que l'on est trop souvent porté à conclure du particulier au général; disons donc, pour demeurer dans le vrai, que si, dans son principe, la féodalité, fruit des conquêtes, autorisa trop souvent des exactions déplorables, bien souvent aussi elle s'affirma par des institutions régulières et sages, qui faisaient trouver au vassal aide et protection auprès de son seigneur, en lui rendant le joug auquel il était asservi moins difficile à supporter (1).

Laissons, du reste, de côté ces différentes appréciations, inspirées le plus souvent par des idées personnelles que nous n'avons pas pour but de signaler, et étudions les institutions qui ont régi le pays pendant une si longue série d'années.

(1) Nous trouvons dans les anciens feudistes les vassaux dénommés sous la qualification de *serfs*. Les uns ont reconnu dans ce mot l'expression d'un antique esclavage (*servi*); d'autres, la pensée d'un pouvoir tutélaire et protecteur (*servati*). C'est encore là un des sujets de controverse qui ont exercé l'esprit des jurisconsultes bretons. (H. L. D.)

Le seigneur, sous la période féodale, conservait toujours pour lui le *domaine direct*, c'est-à-dire un droit de supériorité sur les fonds dont il concédait le domaine utile à son vassal. Il pouvait afféager son domaine noblement ou roturièrement; il pouvait aussi l'accenser ou l'arrenter; les contrats qui, à cette occasion, intervenaient entre lui et ses vassaux feront l'objet d'un examen particulier. Quant aux terrains qu'il n'avait point aliénés, ils composaient ce que l'on appelait le *domaine réel* des fiefs, dans lequel on comprit la propriété des cours d'eau et des rivières non navigables; pour les bacs et péages, ils furent toujours considérés comme appartenant au Roi.

Nous ne nous occupons pas ici, autrement que pour mention, du contrat connu sous le nom de *bail à domaine congéable* ou *convenant*, parce qu'il a été bien reconnu et proclamé par la jurisprudence qu'il n'était point de sa nature un produit de la féodalité; aussi a-t-il été respecté par les lois qui ont été destinées à en éteindre les effets (1): nous ne parlerons pas davantage des terrains que la *très-ancienne Coutume* appelait *defais* et qui sont désignés dans la nouvelle sous le nom de *domaines en défense* et *terres défensables*, telles qu'étaient la garenne ou l'étang du seigneur, parce qu'ils n'entrent pas dans la matière que nous nous sommes proposé de traiter.

Ce que nous avons dit du mode des possessions des terres

(1) Quoiqu'il soit vrai de dire que le bail à domaine congéable n'ait pas par lui-même un caractère féodal, il est certain cependant qu'il arrivait quelquefois que les rentes convenancières étaient entachées de féodalité, ce qui pouvait en entraîner la suppression; la loi du 6 août 1791, dans ses art. 1 et 2, a défendu aux propriétaires fonciers d'exiger de leurs domaniers aucun droit de la nature de ceux qui avaient été supprimés sans indemnité (Voir, pour l'application de cette loi, un arrêt de la Cour de Rennes du 12 février 1827, Baron, t. VIII, p. 352 du Recueil).

en Bretagne vient à l'appui de cette règle justifiée par le texte même de la Coutume, à savoir qu'en ce pays il n'y avait point de franc alleu, parce que toutes choses étaient soumises à la féodalité (*omnia feudalia esse*), et l'on doit observer qu'elle était si formelle, qu'elle décidait que si un seigneur avait consenti à permettre à son vassal de posséder en franc alleu il perdait de plein droit la mouvance qui était dévolue au seigneur supérieur, et dans ce cas le vassal passait directement sous la supériorité féodale du seigneur suzerain (1). Toutes les terres étaient donc soumises à une sorte de servitude, et les tenues, soit nobles, soit roturières, même les fiefs de dignité, relevaient féodalement d'un seigneur. Ce dernier avait la propriété des terres vaines et vagues situées dans l'étendue de sa seigneurie, à moins qu'il l'eût cédée à ses vassaux par des concessions particulières, onéreuses ou gratuites; il ne pouvait en être dépouillé que par sa volonté, aussi était-il de maxime que la possession même immémoriale était toujours inefficace à son égard, n'étant réputée être qu'un acte de tolérance qu'il pouvait faire cesser suivant sa volonté. Par suite, le vassal devait toujours, au regard de son seigneur, produire sinon le titre de concession, au moins des aveux réguliers contenant reconnaissance du droit qu'il prétendait exercer de son chef (2). Ces premières considérations suffisent déjà pour faire comprendre quel était en Bretagne le régime des terres vaines et vagues, comment elles étaient possédées, comment aussi elles étaient l'objet de concessions de diverse nature.

(1) Voir Duparc, t. II, ch. III, *des Fiefs*, sect. II, n°s 20 et suivants.

(2) Les aveux remplaçaient les titres primitifs, dont le plus grand nombre avait été détruit par les guerres : « *Les titres*, dit Hévin, *n'auraient » pu s'être sauvés, et quand ils auraient évité la fureur des guerres, ils » n'auraient pas surmonté les autres attaques, comme les incendies, les » tutelles, les vers, l'humidité et la longueur du temps qui détruit tout* » (Voir *Questions féodales*, n°s 6 et 7, à la page 132).

Disons maintenant combien on distinguait de domaines. Nous n'en parlons qu'en ce qui concerne le régime féodal; ainsi, comme nous l'avons exposé ci-dessus, nous ne nous occupons pas du domaine congéable, de même aussi nous omettons tout ce qui concerne le domaine temporel des paroisses, le domaine du Roi, les domaines engagés, parce qu'ils étaient étrangers à la matière des terres vaines et vagues proprement dites. Nous voulons parler seulement du *domaine féodal*, du *domaine noble*, du *domaine roturier*, et du *domaine privé*.

Le *domaine féodal* que l'on appelait aussi *seigneurial*, était ce qu'à proprement parler on appelait la *féodalité;* c'était lui qui constituait la mouvance ou seigneurie directe et qui comprenait le pouvoir du seigneur sur les hommes et sur les choses. Ce droit était réel et incorporel; il était aussi imprescriptible, parce que, suivant l'art. 294 de la Coutume, le lien de foi qui unissait réciproquement le vassal au seigneur et le seigneur au vassal, ne permettait jamais que la féodalité et les devoirs féodaux se prescrivissent entre eux (Voir Duparc, t. II, p. 75, n° 8). C'est donc sous ce titre qu'il faut ranger tous les droits et attributs seigneuriaux, et les devoirs qui en étaient la conséquence; ceux qui étaient spécialement attachés à la personne, tels que l'obéissance et le lien de foi, avec rétention de la directe, établissant entre le vassal et son seigneur une obligation réciproque, obligation de protection et de secours de la part du seigneur, obligation de respect, d'obéissance et de paiement des devoirs féodaux de la part du vassal (Voir Duparc, t. II, p. 89, n° 36); ceux aussi qui étaient particulièrement inhérents à la possession des héritages, ainsi les aveux et les dénombrements, les lods et ventes, le retrait féodal, la suite du moulin, les aides coutumières, etc.

On les divisait aussi en droits substantiels et constitutifs puisant leur source dans la condition même du seigneur et du vassal ; c'étaient les droits naturels qui existaient par la seule force de la Coutume et droits accidentels qui consistaient dans la concession qui avait saisi le vassal dont les conditions devaient être accusées par lui dans les aveux qu'il rendait et qui pouvaient varier à l'infini (Voir Duparc, t. II, n° 541, aux pages 377, 378 et 379).

Voilà ce qu'en général on appelait *domaine féodal*, *tenue féodale*, *fief* ou *féodalité* et ce qui constituait la directe seigneurie ou mouvance protégée par le droit de juridiction et par l'imprescriptibilité (Voir Hévin, *Consultations sur la Coutume*, à la page 379).

Le *domaine noble* ne participait point à la féodalité, seulement, à la différence du *domaine roturier*, il était exempt de l'imposition des fouages, et celui qui le possédait n'était point tenu de faire des corvées. L'art. 91 de la Coutume établit nettement la distinction existante entre les devoirs attachés aux domaines nobles et ceux qui étaient inhérents aux domaines roturiers :

« *Noble homme n'est tenu de faire à son seigneur* » *viles corvées en personne, mais il est tenu pour sa* » *terre noble lui aider aux armes et autres aides de* » *noblesse, et s'il possède terres roturières, dont soient* » *dues viles corvées, il sera tenu bailler homme pour* » *les faire* (1). »

Nous voyons par ce texte ce qui distinguait le domaine noble du domaine roturier ; l'un et l'autre relevaient d'une seigneurie sans avoir principe de fief, *élément essentiel du*

(1) Les art. 81 à 91 de la Coutume énumèrent les devoirs et prestations que les seigneurs de fiefs pouvaient exiger de leurs vassaux selon la nature de la tenue.

domaine féodal; sans doute tout droit féodal était noble, mais tout droit noble n'était pas féodal; de même qu'un roturier pouvait avoir des fiefs et posséder surtout des héritages nobles, de même un noble pouvait posséder des héritages roturiers; il arrivait même souvent qu'un seigneur ou une personne noble, possesseurs d'un ou de plusieurs fiefs, tenaient dans leurs juridictions ou dans des juridictions étrangères des héritages roturiers. La différence essentielle qui distinguait les domaines nobles des héritages roturiers consistait donc en ce que le domaine noble n'était point soumis à l'imposition des fouages et des tailles, et qu'il n'emportait point l'obligation des corvées ou services de corps, ainsi que le faisait la tenue roturière en outre des droits naturels et des droits accidentels établis par l'inféodation ou par la concession.

Terminons sur ce point en disant ce que l'on appelait le *domaine privé* et particulier du seigneur : c'était son manoir, ses dépendances, ses fermes, ses métairies, ses bois, en un mot son héritage foncier qu'il possédait, non point comme seigneur féodal, mais à titre de propriétaire, qu'il pouvait affermer, aliéner selon sa volonté, agrandir même par voie d'annexion, ainsi que nous le verrons plus tard, car de même qu'il pouvait faire de son domaine son fief avec rétention de la directe, de même aussi il pouvait faire de son fief son domaine par la mise en valeur et l'incorporation.

Ces notions générales et élémentaires ainsi rappelées nous permettront d'examiner et d'étudier le régime auquel, en Bretagne, les terres vaines et vagues furent soumises avant 1789; nous verrons ensuite quelles ont été les modifications profondes que la législation moderne, qui, dans son principe, remonte au 4 août 1789, apporta à l'ancienne législation bretonne.

CHAPITRE III.

SECTION PREMIÈRE.

DROITS DES SEIGNEURS.

En Bretagne, plus qu'ailleurs encore, a-t-on dit, le joug de la féodalité s'était appesanti sur la vassalité. Nulle part, en effet, les prérogatives des seigneurs ne furent plus importantes, nulle part elles ne furent plus étendues, et pour ne parler que de la matière des terres vaines et vagues qui nous occupe, il était de maxime constante que tout seigneur était propriétaire de tous les terrains vagues et déclos situés dans l'étendue de son fief. Cette maxime, qui puisait son principe dans l'origine même du droit seigneurial, était dans ce pays une loi fondamentale qui le dispensait de toute preuve et qui n'aurait pu s'effacer que devant des titres dont l'existence était à peine connue : *Domini feudorum intra metas fundi, fundati sunt in dominio terrarum desertarum et inanium* (Voir Duparc, t. II, p. 366, au n° 530). Telle était sa puissance, que l'on invoqua vainement contre elle la prérogative du Roi considéré comme seigneur suzerain ; il fut répondu que le droit particulier du seigneur, fondé sur la loi municipale, l'emporte même sur la raison d'universalité qui milite en faveur du Roi (Hévin, *Questions féodales*, p. 149 et 150) : « *Imo hoc potentius quod generi per speciem derogatur et specialis præsumptio vincit generalem.* » Car la législation coutumière ne fut point abrogée par l'union politique, et quoiqu'elle n'eût point, avant sa réformation opérée en 1539 et 1580 en vertu de lettres patentes, le caractère de droit écrit, elle n'en avait pas moins force de loi dès ce temps et à plus forte raison depuis ses réformations (1). Deux déclarations royales, l'une en date du 18 novembre 1538, émanant de François Ier, l'autre de Charles IX, du 10 janvier 1567, confirmèrent en Bretagne la propriété exclusive des seigneurs sur les terrains vagues et déclos, en sorte que l'on peut dire que ce droit spécial fut reconnu et proclamé par le pouvoir royal lui-même (Voir Duparc, t. II, n° 539, p. 376). Tenons donc pour certain que la propriété des seigneurs sur les terres vaines et vagues était un droit national dans la province, un droit incontestable, et qu'aucun autre que le seigneur ne pouvait en posséder une portion quelconque s'il n'en avait obtenu de lui l'investiture et s'il ne lui en rendait pas aveu ; ajoutons, ou plutôt répétons, que ce droit entre le seigneur et le vassal était à l'abri de toute atteinte et de toute prescriptibilité, nonobstant toute longue possession : *Diuturnus usus nihil adquirit nec mille quidem annis*. Il fallait que le vassal obtînt du seigneur le droit de jouissance ou de propriété qu'il désirait y exercer, et l'aveu dans lequel il en faisait la déclaration était une perpétuelle reconnaissance du droit du maître, ce qui faisait dire que le vassal ne possédait pas : « *Vassalus non possidet sed possidetur.* »

Ces vastes domaines vagues et déclos entraient donc dans le domaine du seigneur ; toutefois, comme il ne pouvait en tirer parti par lui-même par une mise en valeur, il était naturel qu'il en fit profiter ses hommes et sujets au moyen

(1) La *très-ancienne* Coutume fut rédigée en 1340, l'*ancienne* fut réformée en 1539 et la *nouvelle* en 1580 (Voir les remarques faites par Hévin à la p. 631 de ses *Consultations*, n° 4 de sa 6e observation).

de concessions de diverse nature; ainsi il annexait à ses terres, par la clôture et la mise en valeur, les portions qu'il pouvait utiliser personnellement; il ne les possédait plus comme seigneur, elles étaient incorporées dans ce que l'on appelait son domaine privé et lui devenaient privatives sans aucune différence avec ses autres terres (Voir l'acte de notoriété arrêté au parquet de Rennes, le 6 avril 1756; rapporté au t. III, p. 761 du *Journal du Palais*). Ces annexes ne comportaient le plus souvent que des étendues relativement minimes. Quant aux autres, elles demeuraient dans son domaine féodal et il pouvait en disposer, soit en propriété, soit à titre de jouissance et d'usage, en retenant la mouvance directe, c'est-à-dire les droits féodaux dont il ne lui était jamais permis de consentir l'aliénation, ainsi que nous l'avons établi précédemment.

Nous avons ainsi expliqué le droit du seigneur; nous avons dit ce qu'était son domaine privé, ce qu'était son domaine féodal, et nous arrivons naturellement à parler des diverses concessions que le seigneur consentait à son vassal sur les terres vaines et vagues de sa seigneurie ou de son fief.

SECTION II.

CONCESSIONS OCTROYÉES PAR LES SEIGNEURS A LEURS VASSAUX SUR LES TERRES VAINES ET VAGUES.

Elles se divisent en deux grandes parties, suivant leur objet; les unes, en effet, emportaient la propriété réelle, les autres la jouissance, toujours sous la rétention de *la directe*, pour employer le terme des feudistes.

§ 1er. — *Des concessions emportant le droit de propriété.*

La principale était l'afféagement, qui comporterait de bien longs développements s'il fallait énumérer en détail ses formes et ses effets. C'était la disposition en propriété que faisait le seigneur de tout ou partie des terres vaines et vagues de son fief qui n'étaient pas absolument indispensables aux besoin de ses vassaux; elle était faite soit gratuitement, soit à titre onéreux.

Comme nous le dirons bientôt, les seigneurs avaient presque partout concédé aux détenteurs des terres cultivées, et rarement aux communautés d'habitants, des droits d'usage pour la nourriture des bestiaux de leurs exploitations; ces droits, dont la jouissance était limitée par les besoins, n'absorbaient pas la totalité des produits des terres vaines et vagues, et quoiqu'il fût vrai de dire qu'ils étaient concédés *totum in toto et totum in qualibet parte*, le seigneur, cependant, conservait toujours la faculté de disposer de la portion qui n'était pas jugée indispensable à la satisfaction des droits concédés par lui à la vassalité. C'était cette portion qui faisait l'objet des afféagements qu'il consentait à titre onéreux ou à titre gratuit, soit à des communautés d'habitants, villages ou paroisses, soit à de simples vassaux qui acquéraient quelquefois *ut universi*, le plus souvent *ut singuli*.

Un ancien jurisconsulte nantais, M. Varsavaux, dit, dans son *Traité des communes*, à la page 223, que la plus notable de ces concessions fut celle qui fut accordée par le Roi, en 1689 et 1691, en sa qualité de possesseur de fiefs importants situés en Bretagne, moyennant une somme de 150,000 livres, qui fut payée par les paroisses et communautés d'habitants, afin de décharger les vassaux des prestations qu'ils lui servaient pour le droit de communer qu'il leur avait octroyé. Elle profita naturellement aux paroisses dans les limites desquelles se trouvaient les terres qui avaient été concédées, sauf remboursement à celles qui, quoique ne les renfermant pas et ne profitant pas de cet avantage, avaient cependant contribué à en acquitter le prix.

Généralement, dit Duparc (t. II, p. 77), l'afféagement constituait un contrat gratuit, quoiqu'il fût presque toujours chargé de redevances onéreuses, emportant signe de supériorité du seigneur et de la reconnaissance du vassal. Un seigneur qui avait un domaine noble pouvait le transporter à titre de fief, et celui qui le recevait devenait en cette partie son homme ou son vassal, lors même qu'il était lui-même seigneur pour d'autres fiefs. Le seigneur faisait par là de son domaine son fief, comme il pouvait aussi faire son fief de son domaine, en réunissant à son fief le domaine afféagé, ce qui constituait la consolidation par l'acquêt, l'exponse, la déshérence, le déguerpissement, la commise ou confiscation, et le retrait féodal ou lignager (Voir Duparc, t. II, aux pages 70, 71, 91 et 92, et suivantes. — Voir aussi la LXXVIIe consultation d'Hévin, à la page 379).

La condition essentielle de ce contrat était que le seigneur qui l'octroyait devait avoir un *principe de fief*, lequel était attaché au domaine qui en faisait l'objet. Est-ce à dire que le roturier ne pouvait jamais afféager? Non, dit Duparc, parce que le principe de fief ne constituait point une qualité *personnelle*, et n'était attaché qu'à la nature des biens. Il pouvait donc afféager, s'il était propriétaire, d'une seigneurie; toutefois, il faut observer que les domaines qui avaient été annexés à une seigneurie ne pouvaient pas être afféagés, parce que leur réunion à la seigneurie par voie d'annexe, même par lettres patentes, ne leur conférait pas le principe de fief, sauf le cas particulier de la consolidation qui était la réunion du fief servant au fief dominant (Voir Duparc, t. II, liv. II, chap. III, sect. II, pages 70 et suivantes).

L'on aperçoit comment il se faisait que de simples domaines annexés à la seigneurie ne pouvaient pas être afféagés, tandis qu'il en était autrement pour un fief servant réuni à un fief dominant par la consolidation. Dans le premier cas, les domaines annexés n'avaient jamais constitué un fief chargé de fouages comme étant roturiers, au contraire; dans le second cas, la consolidation réunissant un fief servant au fief dominant, le fief servant était rendu à son ancien état; il se confondait avec le dominant et ne faisait plus avec lui qu'un seul fief, ce qui opérait, dit Duparc, la décharge des fouages auxquels il était soumis avant la réunion, comme étant alors roturier. La consolidation s'opérait de plein droit sans intention expresse ou tacite, par la seule réunion d'un fief roturier ou noble au fief dominant; l'annexe, au contraire, résultait d'un fait matériel et actuel, non plus d'un fief soumis à des redevances féodales, mais d'une portion de terrains vagues ou communs dont la propriété utile n'avait jamais été attribuée à des vassaux de la seigneurie.

Cela étant ainsi établi, comme l'explique Duparc, aux passages que nous avons cités, nous devons dire que l'afféagement par lequel le seigneur, qui avait un domaine noble, le transportait à titre de fief, avait pour effet de faire son homme et sujet de celui au profit duquel la concession était faite.

On distinguait l'afféagement à titre de noblesse, c'est-à-dire la *tenue lige* ou à *titre de ligence*, du féage roturier.

Le premier était le transport en fief à la charge des aides de noblesse, droits naturels dus au seigneur par la loi, outre les droits naturels et les droits accidentels réservés par l'acte même de constitution; le second emportait la charge des corvées et autres impositions roturières, qui ne pesait jamais sur les domaines nobles, et qui s'ajoutait à tous les autres devoirs féodaux. Le signe caractéristique, qui différencie profondément les deux sortes de féages, consistait donc en ce que l'un ne comportait que l'assujettissement aux devoirs nobles, tandis que l'autre emportait l'obligation aux *viles corvées*, c'est-à-dire aux services de corps, d'hommes, de bêtes ou de charrois (Voir l'art. 91 de la Coutume, et les art. 469 et suivants de Duparc, au t. II, p. 320 et autres).

Comme on le sait, pour produire leur effet à l'égard des tiers, les actes translatifs de propriété devaient être suivis de prise de possession et d'appropriement; l'on s'est donc demandé si, pour être valables, les actes d'afféagements devaient être corroborés par l'acte de certification émané du juge, constatant l'accomplissement des solennités exigées par la loi. L'on a répondu, qu'il fallait distinguer entre les effets de l'acte à l'égard du seigneur et de l'afféagiste, d'avec ceux qu'il devait produire à l'égard des tiers. A l'égard du seigneur, qui octroyait la concession, il n'était pas besoin d'appropriement, de même que tout acquéreur ne pouvait être évincé par son vendeur, faute d'avoir été approprié (Voir la Coutume de Bretagne annotée par Duparc, au t. II, p. 79). A l'égard des tiers, il en était autrement, puisque l'appropriement avait été institué pour produire effet par rapport aux tierces personnes, d'où cette conséquence, que si le seigneur afféagiste n'aurait pu contester la propriété à son vassal, des tiers, qui auraient prétendu avoir des droits sur le terrain afféagé, auraient été admis à les faire reconnaître en l'absence d'un appropriement, soit édictal, soit par laps de temps.

Cela nous conduit à cette observation qui a trouvé trop souvent son application, particulièrement pour les faits consommés dans les années du XVIIe siècle, à savoir que des seigneurs, qui avaient précédemment concédé des droits d'usage ou autres sur les domaines vagues de leurs seigneuries, ne se faisaient pas faute d'en afféager des quantités plus ou moins étendues, ce qui diminuait d'autant les usages qu'ils avaient accordés. Trois intérêts se trouvaient alors en présence : celui des anciens usagers, dont la jouissance n'avait point été bornée autrement que par la délimitation du fief ou de la seigneurie ; celui du seigneur qui avait afféagé au mépris des anciennes concessions, enfin, celui de l'afféagiste investi de la propriété par l'autorité du seigneur. Il fallait les concilier, et pour le faire, il fallait rechercher si, en dehors de la nouvelle concession, il restait aux usagers des terrains vagues suffisants pour les besoins de leurs exploitations. Dans ce cas, ils n'avaient point à se plaindre, et le seigneur avait usé de son droit ; dans l'autre, les usagers étaient fondés à réclamer et à se pourvoir, d'abord auprès du seigneur concessionnaire et puis auprès du seigneur supérieur, et même devant le Parlement, de l'infraction qui avait été commise à leur droit. Ce fut là la cause de graves et de fréquentes difficultés, et les solennités de publicité requises pour la validité des appropriements, à savoir, les bannies, la prise de possession et les délais requis pour les prescriptions, avaient pour objet de fournir, à tout ayant droit, la faculté de s'opposer à la tradition et d'en empêcher les effets.

C'est par ce motif qu'il a été jugé que toutes les fois qu'il était prouvé qu'un afféagement avait été régulièrement suivi des formalités requises pour la validité d'un appropriement (1), la propriété en était assurée, bien qu'il n'eût été ni clos, ni défriché, lorsque les tiers, avertis par la publicité, n'y avaient formé aucune opposition.

En outre de l'afféagement, il existait deux autres contrats qui emportaient le transport de la propriété; c'étaient l'arrentement et l'accensement qui étaient toujours consentis, comme le premier, avec rétention de la mouvance; mais ces deux contrats différaient de l'autre en ce que l'afféagement transportait la propriété avec rétention du féage [illegible]s droits du fief seulement, tandis que les deux derniers s[illegible]raient, en outre de la rétention du féage, au moyen d'une rente s'il s'agissait d'un *arrentement*, d'une redevance dite *cens* s'il s'agissait d'un *accensement*.

Ces deux derniers contrats se distinguaient entre eux par la nature de la prestation; dans le premier, elle était roturière; dans le second, elle était noble, et le seigneur avait toujours le droit de constituer la rente ou féage soit noblement, soit roturièrement (Duparc, t. II, p. 86, n° 20).

L'on peut se demander pourquoi, dans son *Résumé de la jurisprudence*, M. Poulizac (2) a cru nécessaire de prévenir qu'il ne fallait pas confondre le *cens* avec l'*assens*, car si ces deux qualifications ont de l'analogie *prout sonant*, les deux contrats qui en sont l'objet n'ont aucune

(1) Voir, sur les appropriements, les art. 269 et suivants de la Coutume.

(2) Le traité de M. Poulizac, avocat général à la Cour de Rennes, parut en 1830. C'est un résumé complet et exact des décisions rendues par la Cour de Rennes sur la matière et de la doctrine qu'avaient, avant lui, traitée MM. Colombel, Lemerle et Nadaud. Il a été d'une utilité sérieuse pour les jurisconsultes, qui y ont trouvé exposées clairement les règles qui régissent les terres vaines et vagues et l'interprétation qu'en a faite la jurisprudence.

relation. Le *cens*, procédant de l'accensement, était la redevance due pour le transport de la propriété à titre noble; l'*assens* était un impôt particulier et personnel que le seigneur faisait payer à ses vassaux pour mener leurs bestiaux paître dans ses forêts ou leurs porcs pour la glandée, droit toujours révocable à la volonté du seigneur, parce que les domaines du seigneur étaient toujours défensables (Voir Duparc, t. IV, n° 38, p. 289).

Il y avait aussi le droit de *defais*, par lequel le seigneur détachait un canton ou parcelle pour gratifier un individu à titre de pure libéralité.

Tels sont les actes les plus usités, par lesquels les seigneurs transportaient à leurs vassaux en toute propriété, soit des terres cultivées, soit surtout des portions des terrains vagues compris dans les *mêtes* de leurs seigneuries. Nous passons maintenant à ce mode de concession, bien plus fréquent, qui ne transférait, soit à des généralités d'habitants, soit à de simples particuliers, que des droits d'usage.

§ 2. — *Concessions de droits d'usage.*

Nous avons déjà dit que les seigneurs, ayant dans les circonscriptions de leurs fiefs ou de leurs seigneuries de très-vastes étendues de landes, avaient intérêt à les abandonner à leurs vassaux, soit qu'ils leur en concédassent la propriété, soit qu'ils leur accordassent le droit seulement d'en jouir pour les besoins de leurs exploitations, en y percevant les fruits qu'ils produisaient naturellement. Nous ne parlons plus que de cette dernière concession, et nous nous hâtons de dire que le droit de jouissance qu'elle transmettait était une servitude *réelle*, attachée à la possession de la terre et bien rarement à des individus ou aux habitations.

C'est là ce qui caractérise les anciens droits d'usage concédés par les seigneurs bretons et ce qui établissait un lien intime entre la féodalité et les exploitations des terres cultivées par les anciens vassaux. Ce n'était donc point pour les besoins des personnes que les droits d'usage étaient octroyés: ils l'étaient à la terre, pour elle, pour ses besoins, et dès qu'il y avaient été attachés par la volonté de ceux-là qui possédaient ces domaines, ils en étaient inséparables et y étaient inhérents, parce qu'ils étaient considérés comme en formant un accessoire indispensable : *Res rei servit.* C'était ce qu'on appelait généralement l'*inféodation du droit de communer*, concession le plus souvent gratuite, conférant aux vassaux *ut universi*, pour raison des héritages qu'ils possédaient, le droit de recueillir les fruits spontanés du sol, de faire pacager les bestiaux, de faucher les landes et bruyères, de couper les brosses, épines et buailles, de mottoyer dans les terrains tourbeux, de faucher les jones, rouches et glayeux dans les marais, etc.

De cette vérité que l'inféodation du droit de communer était obtenue pour raison des terres cultivées possédées dans la seigneurie, dérivaient diverses conséquences qu'il est important de noter. La première était que ce droit ne pouvait être octroyé qu'à des propriétaires d'héritages cultivés dans le fief.

La seconde, que son importance était mesurée dans son exercice par les besoins de ces héritages.

La troisième, qu'elle ne pouvait être détruite, et tel était le respect qu'elle commandait, même à l'égard de celui-ci, que les actes de disposition qu'il aurait consentis postérieurement devaient être annulés s'ils étaient préjudiciables aux besoins des vassaux, à raison de leurs terres chaudes.

Lors donc qu'une inféodation du droit de communer avait

été octroyée sur les terres vaines et vagues de la seigneurie, elle les affectait universellement sauf la modification effectuée par concession des terres, dont l'importance était jugée supérieure à ces besoins, et dans le cas très-fréquent où des contestations s'élevaient à ce sujet, on procédait à un cantonnement, opération consistant à circonscrire le droit illimité des usagers sur une partie déterminée des fonds soumis à la servitude, afin de laisser le reste libre au seigneur propriétaire (1).

L'on conçoit que cette situation du seigneur et du vassal devait donner lieu à de fréquentes contestations, ainsi que l'attestent les annales de l'ancien parlement de Bretagne; s'il était juste que les droits d'usage concédés aux vassaux par les seigneurs fussent respectés, il était juste aussi que ceux-ci ne se trouvassent point dépouillés de la jouissance de ces terres au delà des besoins qui devaient être satisfaits. Le droit de communer était rarement concédé à des communautés d'habitants; c'était un droit de jouissance indivise que chaque vassal possédait concurremment avec les autres. Ils jouissaient *ut universi* et non *ut singuli* (2); nul ne

(1) Il n'était point dans le pouvoir de chaque vassal de faire paitre dans les communs, tel nombre de bestiaux qu'il lui plaisait ; ce nombre devait être proportionné à la quantité des héritages qu'il possédait ; ainsi, le seigneur, obligé seulement de pourvoir aux besoins des vassaux, ne leur devait fournir qu'une portion de terrain suffisante pour remplir ces besoins (Voir Potier de la Germondaye, *Gouvernement des Paroisses*, p. 37, nº 10).

(2) S'il est vrai que la jouissance des terres était commune, il faut cependant observer que chaque vassal ne pouvait mener à la lande qu'un nombre de bestiaux proportionnel à l'importance de ses terres chaudes. Chacun avait *totum in toto et totum in qualibet parte*, mais avec la restriction que nous avons formulée. Il en était autrement dans les cas qui, comme le dit Duparc, étaient rares en Bretagne, où une communauté d'habitants avait obtenu du seigneur le droit de communer. Cette communauté formait une personne morale et chaque habitant avait droit de prendre une part dans les fruits produits, non plus *pro modo jugerum*, mais à raison de son habitation, ce qui amenait le partage par *feux*.

pouvait disposer de la moindre portion pour son usage particulier; ils formaient ainsi une société indissoluble. Il arrivait fréquemment que la concession s'appliquait à toutes les terres chaudes situées dans un fief, au même titre, par voie d'usement général; tous les vassaux liés entre eux par les redevances qu'ils devaient acquitter en commun pour le fief, étaient solidaires et profitaient au même titre de l'inféodation, sans qu'ils fussent assujettis à mentionner leur droit d'usage dans les aveux et dénombrements qu'ils fournissaient, puisque ce droit était inhérent au fief.

L'imprescriptibilité du droit du seigneur par son vassal rendait donc impossible pour lui l'acquisition du droit de communer par une possession qui n'aurait point été appuyée, sinon sur l'acte primitif d'investiture, au moins sur des aveux et autres actes justificatifs, et telle était en effet la disposition formelle de l'art. 393 de la Coutume.

C'est peut-être le cas ici, de mentionner que les aveux n'étaient valables qu'autant qu'ils avaient été rendus suivant les formalités ordonnées, et qu'à dater de 1669 il fut exigé qu'ils fussent présentés et reçus à l'audience de la juridiction, afin, dit Duparc, de prévenir les fraudes et les infidélités des procureurs fiscaux. Il fut admis en usage et pour maxime, à partir du commencement du XVIIIe siècle, que la mention de la présentation et de la réception à l'audience signée du juge, du procureur fiscal et du greffier devait être inscrite au pied du double, qui restait entre les mains du vassal pour lui servir de titre, et que la seule réception par le procureur fiscal ne suffisait plus(Voir Duparc, t. II, n° 226, aux pages 176 et 177).

Le caractère distinctif du droit de communer étant qu'il était attaché à la terre cultivée, il en résultait que le simple habitant, le fermier ou colon, en un mot, quiconque n'avait pas le droit de propriété, ne pouvait pas avoir le droit de communer; il en résultait encore qu'il ne pouvait être aliéné.

Il ne pouvait pas être confondu avec le droit de parcours ou de vaine pâture qui ne pouvait être exercé qu'après l'enlèvement des premières herbes ou récoltes, tandis que le droit de communer l'était en tout temps.

Nous avons dit que l'exercice du droit de communer était déterminé par les besoins des exploitations ou terres appartenant aux vassaux auxquels il avait été concédé, quelquefois il était réglementé par le titre constitutif, le plus souvent le titre était muet et l'on admit pour règle cette mesure empruntée comme maxime aux Coutumes de Poitou, d'Orléans et d'Auvergne, que les vassaux inféodés ne pouvaient envoyer aux communs de la seigneurie, un nombre de bestiaux plus considérable que celui qui pouvait être nourri pendant l'hiver avec les foins et pailles provenant de la terre à laquelle le droit de communer était attaché (Voir Duparc, t. II, p. 391, n° 549. — Voir aussi Potier de la Germondaye, part. III, n° 10, aux pages 370 et 371).

Terminons sur ce point en indiquant la différence essentielle qui existait, même en Bretagne, entre le cantonnement et le triage.

Nous avons dit que le cantonnement consistait à circonscrire, sur une étendue déterminée des terres vaines et vagues, le lieu d'exercice de la servitude réelle du droit de communer accordé à des vassaux, lorsque par leur étendue les produits spontanés de ces terres étaient supérieurs aux besoins des héritages à raison desquels ils avaient été concédés; le cantonnement, avons-nous dit encore, n'enlevait pas au seigneur, de qui émanait toujours la concession du droit de servitude de pacage, son droit de propriété sur le fonds.

Le triage, au contraire, était exercé lorqu'un seigneur avait concédé gratuitement un droit de *propriété* sur les communs de sa seigneurie et le plus souvent sur des bois, à des corps d'habitants; le seigneur pouvait demander la distraction d'un tiers de ces communs à son profit, s'il était prouvé que les deux autres tiers étaient suffisants pour les besoins des concessionnaires.

L'on ne saurait donc confondre le cantonnement qui s'exerçait à l'occasion de la concession de la servitude du droit de communer avec le triage, qui était opéré lorsque le seigneur avait concédé gratuitement un droit de propriété (Voir Potier de la Germondaye, *Traité du gouvernement des paroisses*, aux pages 361 et suivantes).

Telles sont les principales notions qui concernent les dispositions que les seigneurs de fiefs faisaient des terres vaines et vagues comprises dans leurs seigneuries. Elles suffisent pour faire repousser l'application que l'on a voulu faire à la Bretagne de l'édit de 1667 et de l'ordonnance de 1669.

L'édit de 1667 ordonnait *la rentrée*, sans formalité, des paroisses et communautés dans les communaux aliénés ou usurpés à leur préjudice; or, en Bretagne, les paroisses ou communautés d'habitants n'avaient point été investies d'un droit de propriété sur les communs; elles ne pouvaient donc demander l'application de cet édit à leur profit. Il en était de même de l'ordonnance de 1669 sur les eaux et forêts, qui ne s'appliquait qu'à des bois ou landes, dont la propriété avait été concédée à une communauté d'habitants, d'une paroisse ou d'un canton; or, comme le dit Duparc, en rejetant l'opinion émise à ce sujet par M. de Freminville, le droit de communer employé dans des concessions à titre gratuit ou à titre onéreux, qui laissait la propriété au seigneur, ne pouvait être confondu avec la concession de la propriété cetroyée à des communautés d'habitants (Voir Duparc, t. II, n° 535, aux pages 368, 369 et 370).

Il est donc certain que l'édit de 1667 et l'ordonnance de 1669 ont été faits et promulgués pour un ordre de choses différent de celui qui existait en Bretagne.

Si nous ne devions pas nous imposer des limites dans ce travail, nous pourrions rapporter les usements spéciaux à diverses localités de la Bretagne qui dérogeaient sur quelques points aux dispositions de la Coutume.

Ils sont généralement étrangers à la matière des terres vaines et vagues; quelques-uns s'y rattachent cependant en ce qu'ils ont apporté, pour certaines localités, des modifications aux formes des appropriements. Les plus importants étaient relatifs aux tenues à *domaine congéable;* ils avaient pour objet de régler les rapports entre les colons et le seigneur foncier, et de déterminer les droits et prestations qui appartenaient à ce dernier à l'égard des tenanciers.

Nous pourrions aussi parler des diverses espèces de rentes qui étaient dues au seigneur par droit de féodalité, de leurs différentes natures et du mode suivant lequel *la cueillette* devait être faite. Disons seulement, en ce qui concerne les rentes féodales, qu'elles suivaient la nature du fief. Si le fief était solidaire, le seigneur était en droit d'exiger la totalité de la rente d'un seul de ses vassaux, sauf le recours de celui-ci contre ses codébiteurs, parce que tous ses sujets ne formaient pour lui qu'un seul débiteur; aussi n'était-il point obligé de fournir un rôle de répartition, les vassaux devaient faire entre eux la division de la rente en raison de l'étendue que chacun d'eux possédait dans le fief où elle était assise.

C'était surtout lorsque les devoirs seigneuriaux étaient constitutifs d'un usement de fief que les rentes étaient solidaires et revanchables (Voir Duparc, t. II, p. 318, n° 505);

le fief s'appelait alors *fresche* ou *fraresche*. S'il arrivait qu'un seigneur acquérait une portion de la tenue solidaire, il ne perdait pas la *solidité* envers tous les vassaux, mais il devenait leur consort par la réunion : il n'était jamais présumé avoir renoncé à un droit aussi avantageux que celui de la solidité (Duparc, *loco citato*, nos 510 et 512). La solidarité de la rente était un caractère particulier à l'usement de fief; elle servait à indiquer que le vassal codébiteur devait être participant au droit aux landes dont l'existence par titre était démontrée pour les autres vassaux, car là où il y avait solidarité dans le devoir, il devait y avoir participation dans les avantages.

Avant de terminer ce que nous avions à dire sur l'ancienne législation bretonne relativement aux landes et avoir retracé le plus exactement et le plus brièvement qu'il nous a été possible de le faire, l'état et, si nous pouvons parler ainsi, le gouvernement des terres vaines et vagues sous l'empire de la féodalité, nous devons rechercher comment il se faisait que ces terres restaient décloses et non défrichées, à tel point qu'en 1736 le procureur général au parlement de Rennes disait « que l'esprit des lois bretonnes était de faciliter le défrichement des landes et terres vaines et vagues qui contenaient plus d'un tiers des terres de cette province » (Voir *Journal du parlement*, t. II, chap. XXVIII, p. 256 et suiv.). Cependant, dans sa remontrance, il exposait que l'esprit de révolte des paysans avait rendu les défrichements complétement impraticables et appelait la sévérité des magistrats pour réprimer de pareils désordres. Nous voudrions reproduire textuellement et en entier ces conclusions et l'arrêt de règlement qui fut rendu à la suite, pour bien faire comprendre cette vérité si souvent oubliée que les seigneurs bretons ne dépouillaient point la vassalité quand ils disposaient des communs situés dans leurs fiefs, sous les restrictions que nous avons précédemment établies relativement aux concessions antérieures; qu'ainsi, loin qu'ils aient spolié les anciens vassaux, il est inniable qu'ils usaient de leur droit en faisant ces dispositions contenues dans les limites légales et que c'étaient au contraire les vassaux qui, poussés par un esprit de révolte contre les institutions qui étaient la loi de leur pays, refusaient de respecter les actes consommés par les seigneurs dans l'exercice de leur autorité. C'est ainsi, disait le magistrat, que la longue possession où les paysans étaient par tolérance de faire paître leurs bestiaux sans payer ou en payant les *assens*, avait fait qu'ils s'étaient imaginés qu'ils en avaient acquis la propriété ou l'usage et que les seigneurs n'avaient plus le droit d'en disposer. La vassalité, quand elle attaquait les concessions faites par les seigneurs dans les limites de leur droit, était, il faut bien le dire, en état d'insubordination contre la loi et contre l'autorité et l'on a lieu d'être surpris que des hommes graves qui ont écrit sur cette matière, n'aient pas pris le soin d'étudier dans les règlements de l'ancien parlement, la vraie situation d'alors, afin d'apprécier justement les actes des seigneurs et ceux des vassaux, au point de vue de la législation de cette province, si différente de celle des autres pays.

Nous comprenons que l'on regrette que cette législation n'ait point été plus tôt modifiée, disons plutôt transformée, ainsi qu'elle l'a été à une époque qui fera bientôt l'objet de notre étude; mais ce qu'il ne nous est pas donné de concevoir, c'est que l'on ait qualifié d'*abusifs* des actes qui étaient, en Bretagne, l'expression de la féodalité, régime qui demeurera toujours dans l'histoire comme un grand monument législatif et gouvernemental. Il y a là une confusion réelle entre la féodalité réglementée par la loi et des abus d'autorité, trop souvent reproduits, et qui, étant la négation même de la loi, étaient sévèrement réprimés par les arrêts du parlement.

Quels étaient les obstacles qui s'opposaient particulièrement aux défrichements des landes, sous l'empire de nos anciennes institutions coutumières? On en a signalé plusieurs.

Le premier était la loi elle-même qui ne permettait pas que les terres vaines et vagues, qui étaient devenues la propriété d'une paroisse, de villages ou de communautés d'habitants fussent cultivées; elles devaient demeurer incultes et rester à l'état de terres vaines et vagues afin de servir à la dépaissance commune.

Le second était ce sentiment très-répandu, quoiqu'il fût parfaitement inexact, qu'un pacage en commun était favorable à l'agriculture; l'on comprend assez qu'un état de communauté et de compascuité, ayant pour effet de laisser les terres en landes incultes et décloses, ne pouvait pas être avantageux.

Le troisième, les frais de la mise en culture qui étaient, le plus souvent, au-dessus des ressources des paysans bretons.

Le quatrième, l'ignorance et les préjugés qui les empêchaient d'accepter les nouvelles méthodes, et les retenaient dans leurs anciennes habitudes.

Le cinquième, les concessions du droit de communer, s'étendant sans limites sur toute la seigneurie, qui rendaient difficiles celles de la propriété par la voie des afféagements.

Le sixième enfin, les excès des usagers contre les afféagistes qui les portaient à commettre les voies de fait les plus répréhensibles, ainsi qu'elles sont signalées dans le monument judiciaire que nous avons rappelé plus haut.

De tels obstacles rendaient difficiles les défrichements sur une large échelle comme l'intérêt général l'eût demandé. Il était triste, en effet, de voir que tant de terres, dont une grande partie était susceptible d'être mise en valeur et de produire des récoltes, demeurassent dans cet état de quasi-stérilité qui ne permettait d'y recueillir que les fruits chétifs que le sol fournissait sans le travail de la culture. Il y avait donc là un besoin général et d'intérêt public qui se faisait sentir, et qui appelait un ordre de choses nouveau avec des institutions nouvelles ; il est regrettable qu'elles ne se soient pas produites sans des révolutions qui n'apportent jamais des réformes utiles qu'en causant de grands malheurs et de grandes injustices, et qui furent pourtant décorées des titres, bien souvent inexacts en Bretagne, de *rétablissement* et de *réparation*.

Nous allons voir que les législateurs qui, le 4 août 1789, décrétèrent en France l'abolition de la féodalité, comprirent que la législation bretonne avait créé pour les seigneurs et les vassaux, en ce qui concernait les terres vaines et vagues, un ordre de choses parfaitement régulier; qu'il était vrai que dans les autres provinces les communautés d'habitants avaient été dépouillées par les abus de la puissance féodale, mais que dans celle-ci, il n'en avait pas été de même; qu'ainsi si l'on faisait disparaître, comme ailleurs, les seigneurs et leur puissance, il fallait respecter les droits acquis régulièrement et protégés par une possession immémoriale, qui existaient au profit de l'ancienne vassalité et des anciennes exploitations, parce qu'elles auraient été complétement ruinées si elles avaient été destituées de ces avantages.

Mais avant de parler des lois qui ont aboli l'ancien régime féodal, nous croyons indispensable de dire quelques mots des concessions qui étaient octroyées à des communautés d'habitants, soit à titre de propriété, soit à titre de jouissance.

Jusqu'à ce moment nous n'avons pas cru devoir en faire état, parce que si les dispositions des autres provinces et si le titre XXV de l'ordonnance des eaux et forêts démontrent qu'elles étaient très-usitées dans les autres pays, Duparc, au n° 536, page 371 de son tome II, et Potier de la Germondaye, partie III, page 360, n° 8, enseignent qu'elles étaient fort rares en Bretagne. Elles ne sont pas cependant sans exemples. S'il s'agissait d'une concession de simple droit d'usage, le cantonnement pouvait être exercé par le seigneur, à condition de ne pas nuire aux droits acquis; s'il s'agissait, au contraire, d'un droit de propriété également concédé à titre gratuit, c'était le triage qui pouvait être demandé par application des dispositions du titre XXV de l'ordonnance des eaux et forêts.

La reconnaissance de ces deux droits au profit des seigneurs était fondée sur ce que, suivant le même auteur, tome II, page 370, il était difficile de croire qu'un seigneur qui avait fait des concessions gratuites, avait eu la volonté de se dépouiller entièrement de la propriété des terrains sur lesquels il les avait octroyées.

Mais si la concession du droit de propriété avait été faite à titre onéreux, toute distraction au profit du seigneur était défendue suivant l'art. 5 du titre XXV de l'ordonnance des eaux et forêts.

Cette propriété des communs, dit Potier de la Germondaye, n'appartenait aux habitants que dans un petit nombre de seigneuries de la province; l'on rencontrait plus souvent des communautés d'habitants investies du droit de communer à titre onéreux ou à titre gratuit.

Nous venons d'établir que dans le cas où la concession du droit de communer avait été obtenue à titre gratuit, le seigneur pouvait exercer le cantonnement. En était-il de même lorsque cette concession avait été accordée à titre onéreux? Cette question a été l'objet de très-sérieuses discussions suivies d'arrêts qui ont consacré l'affirmative, par le motif que le seigneur qui avait concédé le droit de communer, même à une communauté d'habitants, avait toujours conservé la nue propriété des terrains vagues; or, il n'avait concédé que le droit pour chaque habitant d'y faire paître un nombre de bestiaux proportionné à l'étendue et l'importance de ses héritages; il ne devait donc fournir que la portion de terrain suffisante pour remplir ces besoins, tout ce qui excédait cette portion devait être pour lui une propriété disponible après reconnaissance et règlement de la quantité nécessaire pour l'exercice de la servitude.

Lorsqu'une communauté d'habitants ou une paroisse avait obtenu du seigneur, soit un droit de propriété, soit un droit de pacage, chacun de ses membres avait un droit de jouissance indivis avec les autres; tous formaient entre eux une sorte de société indissoluble, qui était soumise à la direction d'une autorité particulière; cette autorité, c'était le *général de la paroisse*, qui était chargé d'administrer les biens communs, de procéder avec le seigneur aux règlements faits pour opérer les cantonnements et qui exerçait un droit de surveillance, à raison duquel il pouvait être rendu responsable des voies de fait qui pouvaient être commises au préjudice du seigneur du fief ou des seigneurs et vassaux des fiefs voisins (Voir un arrêt de règlement du 10 décembre 1736, rapporté et commenté par Duparc, t. II, chap. III, sect. XXV, n° 547, p. 383 et suiv.) (1).

Lorsqu'un seigneur concédait un droit à une paroisse ou à une communauté d'habitants, il devait être appuyé sur un titre servant de loi, puisque la longue possession ne pouvait le remplacer, tout aussi bien pour les communautés que pour les simples vassaux, ainsi que cela existait généralement dans les autres provinces.

Nous n'entrerons pas dans d'autres détails à ce sujet et nous arrivons à l'exposition des lois qui ont aboli la féodalité en France et qui ont inauguré un droit nouveau pour les terres vaines et vagues.

(1) Voir arrêt de 1845, commune de Basse-Goulaine contre vassaux (indiqué au recueil, p. 100, année 1845, sans autre indication de date).

DEUXIÈME PARTIE.

CHAPITRE PREMIER.

Des lois abolitives de la féodalité et relatives aux terres vaines et vagues de la Bretagne.

Si nous faisions un traité de politique et d'histoire, nous recherchérions les causes multiples et déterminantes de la Révolution de 1789, qui amena la destruction de toutes les institutions gouvernementales de la France. En signalant les améliorations qu'elle produisit et que l'on ne peut sérieusement contester, nous dirions aussi quels furent les désastres qu'elle entraîna, quelles furent les exactions et les ruines qui vinrent à sa suite. Tel ne saurait être notre but, puisque notre étude s'applique seulement aux changements législatifs qui furent accomplis en ce qui concerne les terres vaines et vagues de la Bretagne après la fameuse nuit du 4 août 1789. Ce fut alors, en effet, qu'après avoir édicté divers décrets qui avaient pour objet de modifier et bientôt de détruire les priviléges et droits seigneuriaux, l'Assemblée nationale prononça la destruction entière du régime féodal et l'abolition des dîmes et redevances qui étaient possédées par les corps religieux séculiers et réguliers.

En parlant de la destruction du régime féodal, un jurisconsulte nantais, empruntant à Montesquieu une pensée que nous avons rappelée déjà, a dit, dans un mémoire sur les terres vaines et vagues de Bretagne, qui fut couronné par la Société académique de la Loire-Inférieure, qu'en 1789, on porta le dernier coup à la féodalité : « Il tomba, cet » arbre antique, dont on ne pouvait apercevoir les racines » et dont les vastes rameaux avaient, durant tant de siècles, » couvert le sol français. » Cet édifice fut donc renversé et les droits seigneuriaux furent abolis.

Le droit coutumier breton, qui avait subsisté dans la province jusqu'à cette époque, subit successivement de profondes modifications et bientôt il fut anéanti pour être remplacé par un droit nouveau. La suppression du pouvoir seigneurial amena l'abolition de tous les droits et privilèges qui y étaient attachés et la répression des nombreux abus qu'il avait entraînés et qui avaient, sur beaucoup de points, effacé les avantages de son organisation. Ce fut ainsi qu'à son lieu et place, et sur ses débris, l'on vit surgir une création nouvelle, l'institution des municipalités et des communes, formant autant de personnes morales qu'il y avait de villes, de bourgs ou de communautés d'habitants (1). Les communes furent sur beaucoup de points substituées aux anciens seigneurs et l'on peut dire que cette grande mesure consomma l'œuvre d'affranchissement que les rois de France poursuivaient depuis de longues années, afin d'assurer une sage liberté et de relever leur autorité, trop souvent méconnue.

(1) Voir le décret du 12 novembre 1789 et aussi celui du 14 décembre de la même année qui établirent la première constitution des municipalités. Avant la révolution, l'on comptait quarante-deux communautés d'habitants en Bretagne. Chacune d'elles envoyait un député aux États. Les villes de Rennes, Nantes, Vannes, Saint-Malo et Morlaix avaient le privilége d'en envoyer deux.

Il n'était pas possible que les terres vaines et vagues, tout particulièrement soumises à l'influence du pouvoir féodal, ne fussent pas immédiatement l'objet de nouvelles lois.

Ne confondons pas la situation concernant la Bretagne, avec celle des autres pays, parce que, comme nous l'avons déjà dit, si dans le reste de la France les entreprises commises par les seigneurs, sur les communaux, constituaient généralement des spoliations au préjudice des habitants, nous avons suffisamment expliqué que dans celui-là il n'en était pas ainsi, puisque c'était la loi de cette province qui avait proclamé la fameuse maxime qui rendait tout seigneur propriétaire de toute les terres vaines et vagues, situées dans les *mètes* de sa seigneurie.

Le 11 décembre 1789, l'Assemblée nationale reconnaissait et consacrait, au profit des communautés d'habitants, les possessions des terres vaines et vagues, bois et pâturages, antérieures au 4 août.

Le 15 mars 1790, elle supprimait le droit de triage créé, au profit des seigneurs, par l'ordonnance de 1669.

Bientôt parut la loi des 13 et 20 avril 1791 qui abolit le droit qu'avaient les ci-devant seigneurs de s'approprier les terres vaines et vagues et qui par effet rétroactif déclara nuls tous les actes qui avaient pu être consommés depuis le 4 août 1789, tout en maintenant au profit de ces derniers ou de leurs représentants la propriété de ces terres dont ils avaient pris publiquement une possession régulière en vertu des lois et Coutumes alors existantes.

Nous ne mentionnons pas divers autres décrets moins importants, mais ayant tous pour objet d'arriver à la destruction des effets produits par le pouvoir féodal ; nous devons toutefois noter, à raison de son importance, celui du 25 août 1792, qui déclara nuls et non avenus tous les actes consommés, en raison de la féodalité.

Il faut lire les vingt articles qui composent ce décret pour reconnaître les efforts que firent les membres de cette assemblée, pour atteindre, dans la proscription qu'ils prononçaient, tous les droits créés par la féodalité et toutes les rentes, quels qu'en fussent la nature et l'objet, ne respectant que les concessions primitives de fonds clairement énoncées dans les actes d'investiture qui devaient être représentés.

Nous arrivons à la fameuse loi du 28 août 1792, dont l'esprit révélé par toutes ses dispositions tendait à assurer des avantages aux communes que l'Assemblée avait créées par ses décrets des 12 novembre 1789 et 14 décembre de la même année, et à reporter sur elles quelques-uns des droits enlevés aux seigneurs. Ainsi, elle ne se borna pas à abolir le triage, elle déclara nuls et non avenus tous les actes législatifs, judiciaires ou contractuels qui avaient été consommés en vertu de l'art. 4 du titre XXV de l'ordonnance de 1669. En conséquence, les communes eurent un délai de cinq ans pour intenter toute action, afin de recouvrer et faire reconnaître les droits et possessions dont elles avaient été privées.

Elle alla plus loin, elle consacra généralement à leur profit, par son art. 9, une présomption de propriété des terres vaines et vagues, et ordonna aux tribunaux de les leur adjuger si elles formaient leur réclamation dans le délai de cinq ans, à moins que les ci-devant seigneurs ne prouvassent, soit par titres, soit par une possession de quarante ans paisible et sans trouble, qu'ils en avaient la propriété. Rapportons le texte même de cet article si important qui a formé et forme encore le droit commun de la France :

« Les terres vaines et vagues ou gastes, biens hermes ou
» vacants, garigues, dont les communautés ne pourront

» pas justifier avoir été anciennement en possession, *sont* » *censés leur appartenir* et leur seront adjugés par les » tribunaux, si elles forment leur action dans le délai de » cinq ans, à moins que les ci-devant seigneurs ne prouvent, » par titres ou par possession exclusive coutumée, continuée » paisiblement et sans trouble pendant quarante ans, qu'ils » en ont la propriété. »

Cette loi générale pouvait-elle, devait-elle former le droit de la Bretagne? Quelques esprits, non suffisamment familiers avec l'ancienne législation bretonne, ses institutions et son organisation ont émis l'affirmative. Pour nous, nous n'hésitons pas à professer une opinion toute contraire, et nous l'appuyons tout d'abord sur l'autorité des grands jurisconsultes qui composaient cette assemblée; nous disons ensuite qu'il fallait à la Bretagne une législation moderne spéciale et exceptionnelle, parce que son ancienne organisation offrait, sur la matière des terres vaines et vagues, des règles particulières puisant leur source dans le mode de ses institutions et de ses Coutumes; nous ajoutons que l'on pensa justement que les anciens vassaux, qui avaient obtenu de leurs seigneurs, régulièrement, sans usurpation, et selon la loi de leur pays, le droit de communer par des concessions remontant, le plus souvent, à des temps immémoriaux, avaient acquis par là un droit de propriété sur le fonds, préférablement aux communes, qui étaient des créations toutes nouvelles, et que ce droit devait être respecté, puisque, dans ce pays, les communautés d'habitants n'avaient pas pu être dépouillées des terres vaines et vagues qu'elles n'avaient jamais possédées.

Enfin l'on comprit, qu'enlever aux exploitations les avantages qu'elles retiraient de la jouissance des landes, c'était les ruiner et détruire l'agriculture, car il est encore notoire qu'il y a un demi-siècle, dans la plus grande partie de notre ancienne province, les bestiaux qui creusaient les sillons, n'étaient le plus souvent nourris, lorsqu'ils étaient détachés de la charrue, qu'au moyen du pacage excercé sur les landes. Il faut donc se reporter à cet état de choses particulier au pays, et suffisamment attesté par l'empressement même avec lequel les vassaux cherchaient à conserver leurs droits de pacage sur les terres vaines et vagues, si l'on veut bien comprendre les motifs de haute sagesse soumis à l'Assemblée par un député de Nantes, M. Lanjuinais, qui firent créer pour la Bretagne une législation toute particulière et tout exceptionnelle, s'harmonisant avec ses besoins et consacrant d'ailleurs des possessions fondées sur des droits !

Voici le texte de la disposition qui la contient :

ART. 10. — « Dans les cinq départements qui composent » la ci-devant province de Bretagne, les terres actuellement » vaines et vagues, non arrentées, afféagées ou accensées » jusqu'à ce jour, connues sous le nom de communs, frost, » frostages, franchises, gallois, etc., appartiendront exclu- » sivement, soit aux communes, soit aux habitants des » villages, soit aux ci-devant vassaux qui sont actuellement » *en possession du droit de communer*, motoyer, couper » des landes, bois ou bruyères, pacager ou mener leurs » bestiaux dans lesdites terres situées dans l'enclave ou le » voisinage des ci-devant fiefs. »

Quelque clairs que les termes de cette disposition puissent paraître, quelque exclusifs qu'ils semblent être pour la Bretagne, d'autres dispositions législatives, en ce qui concerne la propriété des terres vaines et vagues, l'on peut dire, qu'il est peu d'articles de lois qui dans notre pays, aient plus que celui-ci donné lieu à de sérieuses difficultés et à des controverses ardentes. Cependant malgré son importance, il passa dans les premiers temps quasi inaperçu. Nous pouvons, pour expliquer ce fait en assigner deux motifs : le premier consiste en ce que les anciens vassaux, affranchis du joug de la féodalité, étaient tellement habitués par leurs longues possessions à considérer les terres vaines et vagues comme des propriétés communes aux détenteurs des héritages des divers villages ou communautés d'habitants, qu'ils ne comprirent même pas le bénéfice de cette disposition qui leur conférait la propriété de ces terres, sur lesquelles ils n'avaient auparavant qu'un droit de jouissance à titre de servitude réelle ; le second c'est que dix mois plus tard, un décret en date du 10 juin 1793, formant le dernier acte législatif sur les terres vaines et vagues, et dépouillant d'une manière plus complète encore les anciens seigneurs de tout droit sur les biens communaux, parut avoir abrogé l'art. 10 de la loi du 28 août 1792, en déclarant que toutes les terres vaines et vagues appartenaient, *de leur nature*, à la généralité des habitants ou membres des communes (art. 1er, section IV, de la loi du 10 juin 1793) : « Tous les biens » communaux, connus, dans la République, sous les divers » noms de terres vaines et vagues, gastes, garigues, etc., » sont et appartiennent *de leur nature*, à la généralité des » habitants ou membres des communes, des sections de » communes, dans le territoire desquelles ces communaux » sont situés, et comme tels, lesdites communes ou sections » de communes sont fondées et autorisées à les revendiquer » sous les restrictions et modifications portées par les » articles suivants. »

Longtemps on pensa qu'en vertu de ce décret, si les anciens vassaux continuaient, en Bretagne, à jouir du pacage sur les landes et terres vagues, le fonds de la propriété avait cependant été dévolu aux communes qui avaient pris la place des anciens seigneurs. Aussi vit-on quelques-unes d'entre elles soutenir que la loi du 10 juin 1793 avait abrogé, à leur profit, les attributions de propriété qui avaient été consignées dans l'art. 10 de la loi du 28 août 1792. Il a fallu bien des arrêts de la Cour de Rennes, rendus de 1818 à 1827, pour les détromper et la Cour de cassation elle-même dut, en 1827, déclarer que la loi de 1793 n'avait point dérogé à l'art. 10 de la loi du 28 août 1792, qui devait être constamment observé dans l'ancienne province (Voir arrêt de cassation de 1827, Sirey, I, 391) (1).

En étudiant les termes de cette disposition de la loi du 28 août 1792, l'on voit clairement à qui appartiennent les terres vaines et vagues de la Bretagne.

En premier lieu, elle consacre les droits d'arrentement, de féage ou d'accensement qui avaient été régulièrement obtenus des seigneurs. Dans ces cas, il n'y a pas eu attribution nouvelle du droit de propriété, puisque les contrats d'arrentement, d'afféagement ou d'accensement étaient, comme nous l'avons dit, translatifs de propriété; il y a eu seulement suppression des rentes et des devoirs féodaux.

En second lieu, s'il n'existait pas de contrats de la nature de ceux dont nous venons de parler, mais si des communes

(1) Il est si vrai que la Convention nationale n'eut point l'intention d'abroger les dispositions de la loi du 28 août 1792 relatives à la Bretagne, qu'à la séance du 8 septembre 1793, environ trois mois après le 10 juin, un membre ayant fait observer que plusieurs dispositions de cette loi avaient été omises dans le procès-verbal de l'Assemblée législative, la Convention décréta qu'il en serait remis au bureau une expédition au procès-verbal de ce jour, ce qui eut lieu. En effet, on trouve sous cette date, dans la collection officielle de Baudouin, la loi de 1792 et spécialement l'art. 10 de la loi du 28 août 1792, ce qui était la preuve certaine qu'en édictant la loi de 1793, l'Assemblée n'avait pas entendu abroger l'exception consignée dans l'art. 10 de la loi du 28 août 1792 en faveur de notre pays.

étaient en possession du droit de communer sur les terres vaines et vagues au 28 août 1792, la propriété de ces terres leur était attribuée.

Il faut bien remarquer la portée de cette expression de la loi : *possession du droit de communer*, qui indique suffisamment qu'il ne s'agissait pas d'une possession *de fait*, mais qu'il fallait avoir la *possession du droit*, c'est-à-dire un titre à l'appui du fait de possession, parce que, comme nous l'avons expliqué, aux termes de l'art. 393 de la Coutume de Bretagne, une possession de fait était toujours réputée précaire et ne pouvait pas même faire acquérir un droit de servitude, puisque le seigneur qui la permettait pouvait toujours mettre un terme à sa tolérance.

En troisième lieu, si, à la place de la commune, la possession du droit de communer sur les terres vaines et vagues appartenait, au 28 août 1792, aux habitants des villages ou aux anciens vassaux inféodés de ce droit, c'était eux que la loi déclarait en être les propriétaires.

Voilà les diverses catégories de personnes auxquelles, dans sa spécialité, cet article a reconnu la propriété des terres vaines et vagues en Bretagne; nous en avons fait suffisamment comprendre les motifs. Lorsqu'aucun des cas qu'il prévoit ne se présente, il cesse d'être applicable, et l'ancienne province rentre dans le droit commun, suivant lequel, aux termes de l'art. 9 de cette même loi et de l'art. 1er, section IV, de celle du 10 juin 1793, les terres vaines et vagues appartiennent aux communes, à la généralité des habitants. Or, c'est précisément parce que le droit particulier de la Bretagne en cette matière est une exception que celui qui l'invoque doit établir, par un moyen légal, qu'il est bien dans les conditions pour lesquelles il a été créé. Quant aux communes, elles n'ont besoin de fournir aucune preuve, puisque leur titre est dans la loi qui consacre à leur profit une présomption ne devant cesser qu'autant que la preuve contraire soit administrée.

CHAPITRE II.

Des difficultés que l'application de l'art. 10 de la loi du 28 août 1792 a rencontrées.

Une première difficulté est née à l'occasion du sens que, dans l'esprit du législateur du 28 août 1792, il fallait attribuer à ces expressions dont il s'est servi : *terres actuellement vaines et vagues.*

Toute terre, si elle était déclose et si elle n'était pas cultivée, tombait-elle sous cette disposition? Oui, si elle n'avait pas été antérieurement *arrentée, afféagée* ou *accensée.* Mais quand une terre était-elle vaine? Quand était-elle déclose? Un domaine qui avait été planté et semé de bois était-il réputé un terrain vain (1)? Un marais fournissant une pâture abondante, quoiqu'il ne fût jamais fauché autrement que pour l'enlèvement des joncs et des litières, pouvait-il être considéré comme un terrain vain? Un terrain qui avait été clos autrefois, mais dont les clôtures avaient disparu en tout ou en partie, était-il un terrain vague?

Voilà des questions de fait et d'appréciation que la jurisprudence a eu à résoudre, et qui ont donné lieu à de nom-

(1) 14 vendémaire an IX. Cass.; Sirey, VII, 1, 811.

breux procès dont nous trouvons les solutions données par la Cour dans le recueil de ses arrêts.

L'on se demanda, en second lieu, si, pour n'être pas comprises dans la dévolution opérée par l'art. 10 de la loi du 28 août 1792, les terres vaines et vagues devaient avoir été afféagées, accensées ou arrentées suivant des titres dont la validité avait été assurée par l'accomplissement des formalités prescrites et par une mise en possession. L'on répondit généralement qu'il n'y avait pas lieu d'entrer dans l'examen des actes, lorsqu'il ne s'agissait pas de leurs conditions essentielles, qu'il fallait accepter et défendre les anciens contrats protégés par le temps, et qu'il n'y avait pas lieu d'en discuter le mérite, puisque l'autorité seigneuriale de laquelle ils émanaient avait cessé d'exister. Ce fut ainsi que la jurisprudence valida des féages non suivis d'appropriement et de possession, même dans le cas où la concession avait été faite sous la condition d'une mise en valeur dans un délai déterminé, qui n'avait pas été accomplie.

Souvent encore il arriva qu'il y avait concours d'accensitaires, d'arrentataires et d'afféagistes pour le même terrain; cette circonstance fit naître de très-sérieuses difficultés; le droit de préférence dut dépendre de la validité du titre, de l'appropriement et de la possession.

En quatrième lieu, des annexes fréquentes et plus ou moins importantes avaient été faites par les seigneurs à leurs domaines privés, devait-on les respecter et à quelles conditions? Quand est-ce qu'il y avait incorporation du domaine féodal au domaine privé? Ces questions très-importantes se présentèrent de suite, mais l'une des plus graves fut celle de savoir si les acquéreurs du ci-devant domaine privé participaient au bénéfice du droit de communer et s'ils devaient concourir au partage. Il y fut répondu par une distinction qui trouve sa raison d'être dans la nature même des acquisitions. Si les aliénations étaient antérieures à la loi du 28 août 1792 et si elles avaient été réduites au domaine utile, sans aliénation partielle de la mouvance, le principe de fief avait été purgé et le domaine arroturé; l'acquéreur, lorsqu'il existait une inféodation de communer par voie d'usement dans le fief, devait bénéficier de la dévolution en sa qualité de vassal; mais si les aliénations étaient postérieures à cette loi, le domaine privé était réduit aux objets incorporés, parce que la loi de 1792 n'avait appelé à jouir de ses avantages que les anciens vassaux qui avaient acquis du seigneur le droit de communer et il est bien clair que l'ancien seigneur n'avait pu, par une vente postérieure à cette loi, transmettre un droit qu'il ne possédait plus.

Il arriva enfin fréquemment que dans des aliénations nationales, opérées après confiscation sur les émigrés, l'on comprit des droits sur des landes et l'on se demanda si ces droits devaient être respectés. Il est certain que la nation transportait ainsi des droits qu'elle ne pouvait avoir, puisque les seigneurs avaient subi la confiscation antérieurement à ces aliénations et qu'elle n'avait pu conquérir sur eux des droits qui s'étaient évanouis. Mais telle fut la faveur que des lois particulières attachèrent aux ventes nationales, que ces aliénations, qui avaient pour résultat de diminuer les attributions au profit des ayants droit, furent cependant validées, sauf un recours, trop souvent illusoire, en indemnité contre l'État.

Voilà bien quelques-unes des difficultés qui se présentèrent; nous arrivons à une autre qui, dans des temps encore peu éloignés, a divisé la jurisprudence de la Cour de Rennes, à un tel point que l'on a vu, non pas seulement dans la même année (1843), mais à quinze jours de date, deux chambres de la Cour (première et troisième) la résoudre en deux sens diamétralement opposés (1).

Nous voulons parler de la question de savoir si des communes ou sections de communes, qui ne justifiaient pas de la possession du droit de communer, pouvaient intervenir dans un acte de partage s'opérant entre des ci-devant vassaux, justifiant de la possession de ce droit, à l'effet de profiter du *quod supererit*, après la satisfaction des besoins de ceux-ci, en d'autres termes, si des communes étaient habiles à demander et à faire opérer des cantonnements.

En consultant les décisions si nombreuses, rendues par la Cour, sur cette question, si longtemps et si vivement débattue, l'on doit reconnaître la puissance des arguments contraires que l'on faisait valoir.

Pour repousser l'action en cantonnement, l'on disait :

1° Que l'art. 10 de la loi du 28 août 1792 avait établi des catégories de personnes auxquelles elle avait conféré la propriété des terres vaines et vagues, et que les communes, qui n'avaient pas la possession du droit de communer, n'avaient pas qualité pour intervenir dans des partages de terres, qui étaient pour elles la chose d'autrui.

2° Qu'elles ne pourraient intervenir qu'autant qu'elles seraient copropriétaires et que le droit de communer n'est modifié que par des afféagements, arrentements ou accensements, qu'elles ne peuvent posséder, puisqu'elles n'existaient pas au temps où ils avaient pu être concédés.

(1) Ces deux arrêts furent rendus, le premier par la troisième chambre, présidée par M. Cadieu, le 30 mars 1843 (commune de Haute-Goulaine, contre Godefroy et autres); le second par la première chambre, présidée par M. Gaillard de Kerbertin, le 15 mars 1843 (commune de Plénée-Jugon, contre veuve Urvoy de Saint-Mirel). Il suffit de consulter le recueil des arrêts de la Cour, pour trouver les nombreuses décisions qui furent rendues à cette époque en sens contraire, et qui durent amener les arrêts de la Cour de cassation, des 30 avril 1844 et 10 août 1846, qui tranchèrent définitivement la question.

3° Que la destruction de la féodalité en Bretagne fut opérée en faveur des anciens vassaux inféodés du droit de communer, et non point en faveur des communes qui n'avaient jamais eu aucun droit sur les terres vaines et vagues.

4° Que si, pour les autres provinces, l'Assemblée s'était proposée de réintégrer les communautés d'habitants dans des droits et possessions dont elles avaient été dépouillées par les abus et les envahissements de la puissance féodale, en Bretagne, il n'en avait pas été ainsi, puisque ces communautés n'avaient pu dans ce pays être privées de ce qui ne leur avait jamais appartenu, et que par suite elles n'avaient pu être *réintégrées*.

5° Que la loi spéciale, faite pour la Bretagne, n'a reconnu que les possessions fondées sur des titres; que c'était à elles seules, qu'elle avait attribué le bénéfice de la dévolution; qu'ainsi tant qu'un vassal ayant titre et possession, se présentait, la commune, en Bretagne, ne pouvait exercer aucun droit de partage ou de réduction.

6° Que s'il est vrai que les seigneurs pouvaient par l'exercice de leur pouvoir cantonner leurs vassaux inféodés du droit de communer, ce droit essentiellement féodal avait été anéanti par la destruction du régime duquel il émanait, et qu'il n'avait pu conséquemment passer aux communes, qui ne pouvaient invoquer la loi générale, qu'autant qu'aucun des bénéficiaires de la loi spéciale ne se présentât.

7° Que s'il est vrai que les anciens vassaux inféodés ont été investis de la propriété des terres sur lesquelles ils avaient un droit commun et indivis, un droit réel, *jus in re*, un droit *in totum et in qualibet parte*, le défaut de réclamation de la part de quelques-uns des copropriétaires ne pouvait pas créer un droit à la commune, formant une personne morale, complétement étrangère à la concession féodale, et qu'il fallait alors que les réclamants profitassent, par voie d'accroissement, des parts qui devaient revenir à leurs consorts, sauf à les leur remettre s'ils les réclamaient avant d'avoir encouru une déchéance.

Si l'on veut trouver ces divers motifs développés avec autant de précision que de puissance, il faut lire l'arrêt de la Cour de Rennes du 30 juillet 1840 rendu par la seconde chambre, sous la présidence de M. Potier, et rapporté t. XIII, l, p. 153 du *Recueil*. C'est peut-être la décision la plus grave et la plus savamment motivée en ce sens qui ait été rendue sur cette question. — Ces arguments ont cependant été repoussés par de nombreux arrêts de la Cour de Rennes et par l'autorité de la Cour suprême, en sorte qu'il est actuellement de jurisprudence que dans tous partages de terres vaines et vagues, les communes ont le droit d'intervenir, à l'effet d'exercer le cantonnement et de se faire attribuer tout ce qui peut rester, après que les ci-devant vassaux ont reçu des quantités de terres suffisantes pour les besoins de leurs exploitations.

L'on a dit, en effet, que s'il était vrai que le législateur avait transformé en droit de propriété un droit qui ne constituait auparavant qu'une servitude, il ne l'avait fait que dans la mesure du droit préexistant; ainsi, comme la servitude était limitée aux besoins des terres à l'occasion desquelles elle était exercée, c'est-à-dire, suivant la Coutume, en raison du nombre des têtes du bétail qui pouvait être nourri pendant l'hiver avec les pailles et foins récoltés sur les terres chaudes, de même le droit de propriété a été transmis dans cette condition, et la règle qui servait à déterminer l'étendue de la jouissance doit servir à fixer celle de la propriété.

A ce premier argument, déjà bien puissant, l'on en a ajouté un autre qui ne l'est pas moins. En se reportant à l'état ancien, on a observé que sous la féodalité, l'extinction du droit d'un ou de plusieurs vassaux profitait au seigneur et non aux autres inféodés, puisque la mesure de leur jouissance n'était pas accrue; or, a-t-on dit, si l'art. 10 de la loi du 28 août 1792 a été édicté dans le but de protéger les exploitations bretonnes, l'Assemblée législative n'a pas voulu leur créer en propriété des droits plus étendus que ceux qu'ils possédaient à titre de jouissance. Si elle avait entendu leur créer un droit d'accroissement, elle s'en fût expliquée; l'on ne peut ajouter au texte de la loi qu'elle a promulguée.

L'on a dit en troisième lieu que l'Assemblée avait substitué les communes au seigneur; qu'ainsi elle avait voulu que comme eux, elles fussent autorisées à exercer le cantonnement, afin de les faire profiter de tous les terrains vains et vagues qui excéderaient les besoins des ci-devant vassaux.

Enfin, l'on a observé qu'il n'était pas admissible d'accepter ce résultat, qui s'est cependant produit dans le partage des landes de Pléchâtel, terminé par l'arrêt dont nous avons fait état ci-dessus, suivant lequel, si un seul vassal inféodé se présentait, il aurait le droit d'écarter la commune et de rester, en l'absence des autres intéressés, détenteur d'étendues de landes bien supérieures à celle de ses terres cultivées. Or, a-t-on dit, l'assemblée qui voulait favoriser les populations rurales, en créant et dotant les communes, n'a pas pu vouloir que celles-ci, qui étaient déclarées propriétaires dans les autres pays, n'eussent pas en Bretagne le droit de restreindre les prétentions des vassaux à la propriété, dans la mesure de leur ancien droit de jouissance.

Tous ces motifs, que nous trouvons développés dans les dernières décisions de la Cour de Rennes, devaient triompher devant la Cour suprême, qui, dans un célèbre arrêt en date du 28 avril 1840, a proclamé que le droit des anciens vassaux était en propriété ce qu'il était en servitude avant la loi du 28 août 1792, et qu'il constituait un droit personnel devant être exercé dans la mesure des besoins et eu égard au nombre des bestiaux nécessaires servant aux exploitations.

Ces arrêts qui ont résolu les premiers la question en faveur des communes, ont été suivis de beaucoup d'autres de la Cour de Rennes, et, à notre connaissance, de deux de la Cour de cassation des 30 avril 1844 et 10 août 1846; aujourd'hui l'on peut dire que, sur ce point, la jurisprudence si profondément divisée, est désormais et à jamais fixée, et que le droit de cantonnement est acquis aux communes en Bretagne.

Il faut donc affirmer que le droit des anciens vassaux doit être déterminé *pro modo jugerum;* reste alors la question, toujours fort délicate, quoiqu'elle soit toute d'appréciation et du domaine des expertises, de savoir quelle est la quantité de terre vague qui doit dans un partage être accordée par tête de bétail. Il est évident que la mesure ne saurait être partout la même et qu'elle doit être réglée suivant l'importance des produits naturels des terres à partager.

En outre de ces difficultés que l'application de l'art. 10 de la loi du 28 août 1792 a rencontrées et dont nous venons de parler, il en était d'autres qui tenaient plus spécialement au mode à suivre pour opérer les partages.

Chaque ci-devant vassal devait justifier d'un droit de possession; ce droit de possession, c'était le fait justifié par le droit, c'est-à-dire la possession appuyée sur un titre. Si l'on recherche le motif pour lequel il devait en être ainsi, on le trouve dans l'art. 393 de la Coutume qui déclarait, comme nous l'avons vu, précaire et sans valeur la simple possession de la servitude de pacage, fauchage, enlèvement de litière, etc.

L'on s'est demandé si le principe de cette disposition coutumière devait être accepté sous l'empire de la législation nouvelle, en ce qui concernait l'application de la prescription, et l'affirmative a été admise, parce que ces faits, qui étaient réputés de tolérance, n'avaient pas changé de caractère et n'avaient pas acquis une nouvelle importance (Voir dans le Recueil des arrêts de Rennes, ceux en date des 6 décembre 1813, 15 février 1826, 2 août 1826, 16 décembre 1833 et 13 mai 1839). L'on a jugé, en conséquence, qu'ils ne pouvaient, seuls, servir de base à une prescription, de même aussi l'on a dit qu'un droit de communer devait être prouvé par des titres, soit privatifs, soit généraux.

Est-ce à dire qu'il y a nécessité pour un réclamant d'exhiber soit le titre primitif d'investiture, soit un acte de reconnaissance parfaitement régulier? Prenant droit par ce que disait Hévin, dès l'époque où il écrivait, que les titres d'investiture n'existaient plus généralement, qu'ils avaient été détruits par *la fureur des guerres*, les incendies, etc., et par le temps auquel rien n'échappe, il enseignait qu'il suffisait d'établir d'une manière certaine, par des aveux non impunis ou par des actes de reconnaissance, dont la sincérité ne pouvait pas être contestée, que la possession de la servitude était reconnue par le seigneur; or, disait-il, l'on doit se montrer facile pour accepter une semblable preuve.

Ce que disait ce grand jurisconsulte était encore plus vrai en 1792 qu'il ne l'était au temps où il écrivait; c'est pour cela que la jurisprudence a admis que l'on pouvait invoquer toutes sortes de preuves, afin de suppléer à la production d'anciens titres réguliers et complétement justificatifs.

La possession de fait, dont l'ancienne durée est établie, constitue une puissante présomption; il en est de même du voisinage des landes et de la solidarité dans le paiement de la rente. Nous n'ajoutons pas l'usement de fief par lequel un devoir qui, comme ledit Duparc (t. II, p. 329), n'étant par lui-même qu'accidentel, devenait naturel à la seigneurie, de façon que chaque vassal y était sujet de plein droit, puisque la preuve fournie de son existence pour un fief emportait le droit de communer pour tous les vassaux qui en faisaient partie.

Une difficulté qui n'était pas moins sérieuse et qui a causé souvent de très-grands embarras, était le débornement des anciens fiefs, car c'était en vertu de leur délimitation que l'ancien vassal, qui possédait des héritages dans leurs limites, pouvait établir son droit dans le partage d'un terrain vain et vague déterminé. La reconnaissance des anciens fiefs a été et serait actuellement surtout l'objet des plus difficiles recherches; elles ne peuvent être faites que par l'application des titres et en consultant les souvenirs traditionnels, les signes extérieurs et même la commune renommée.

Mais si la reconnaissance des fiefs, l'appréciation des titres et celle des terrains à partager ont été des causes de difficultés nombreuses, une autre s'y est jointe, qui a exercé l'intelligence des jurisconsultes et de la magistrature, nous voulons parler de la vente des propriétés auxquelles le droit de communer était attaché; l'on s'est demandé si elle comprenait implicitement le droit aux vagues.

Cette question a dû recevoir des solutions différentes et quelquefois contraires; il est donc essentiel de l'examiner avec soin.

Etudions-la tout d'abord à deux points de vue différents, selon que la vente des terres inféodées a été accomplie avant la destruction de la féodalité et suivant qu'elle l'a été postérieurement.

Premièrement, en ce qui concerne les aliénations opérées sous l'empire de la féodalité, il est hors de doute que la vente des terrains, à raison desquels le droit d'inféodation aux landes avait été conféré, en emportait l'aliénation, puisqu'il ne comportait qu'une servitude réelle et qu'il était la conséquence de la possession de la terre cultivée dont il était l'accessoire (Voir un arrêt du parlement de Bretagne, du 5 juin 1776).

Si au contraire ces aliénations ont été postérieures, il y a lieu de faire des distinctions, quant aux époques et quant à la nature des actes.

Il est inutile de rappeler le principe général posé dans l'art. 1156 du Code civil, à savoir que dans toute convention il faut rechercher la commune intention des parties qui ont contracté; cette intention doit être éclairée et apprise par les faits, par les circonstances et par la nature des stipulations.

Si nous consultons des actes de vente de propriétés rurales, passés de 1792 à 1820 et même quelques années plus tard, nous ne trouverons peut-être dans aucun la mention du droit aux landes. Ce fait trouve sa cause dans cette circonstance bien avérée, que la transformation de la nature du droit à exercer sur les landes avait passé quasi inaperçue et que ce ne fut qu'après 1820 qu'elle commença à être comprise. En effet, l'ancien vassal avait bien appris qu'il n'avait plus de rente à payer et plus d'aveux à rendre au seigneur, puisqu'il n'existait plus, mais ce qu'il n'avait pas entendu, c'était qu'il avait, depuis 1792, en propriété, la terre sur laquelle il avait auparavant exercé une servitude réelle. Les landes des anciens fiefs étaient considérées par lui comme devant toujours rester à l'état de vaines pâtures possédées en commun par voie de consortise, et comme il avait toujours cru que la jouissance qu'il exerçait était l'accessoire de ses terres cultivées, il n'entrait pas dans sa pensée que ce droit pût être séparé de la terre chaude et retenu par lui en cas de vente de cette terre. On peut donc dire hardiment que, jusqu'en 1820 ou même 1824, le droit aux landes était réellement contenu dans la vente de la terre cultivée (1). — Après cette époque, la situation changea. Les arrêts de la Cour enseignent, en effet, que sortant de leur sommeil, les propriétaires apprirent quel était l'avantage que la loi du 28 août 1792 leur avait conféré et se rendirent compte de cette transformation en vertu de laquelle, à la place de leur ancien droit de servitude, ils avaient été dotés d'un droit de propriété parfaitement séparable de leur terre cultivée.

Il faut donc, pour résoudre la question à l'occasion de ventes ou d'actes de partages, consulter tout d'abord les termes du contrat, car si la volonté de la transmission du droit y est exprimée, soit explicitement, soit même indirectement, mais cependant en termes assez concluants pour que cette volonté apparaisse d'une manière suffisamment certaine, la transmission du droit ne peut être contestée.

Mais si le contrat est entièrement muet, que devra-t-on décider?

Tout d'abord, si l'on a vendu ou compris dans un partage un corps de ferme, tous les héritages possédés dans une commune, tous les droits dans une hérédité sans avoir fait

(1) Voir arrêts des 26 novembre 1838 et 11 novembre 1840.

ni restriction ni réserve, le droit aux landes est nécessairement compris dans la vente ou dans le partage (1).

Mais si l'on n'a vendu que des parcelles, la difficulté devient grande; il faut savoir si on les a vendues avec leurs accessoires et dépendances, ou si, au contraire, elles ont été transportées avec leurs contenances et débornements; dans ce dernier cas, le droit aux terres vaines et vagues n'aura pas été transmis.

Ce que nous disons des actes de vente s'applique également aux actes d'échange; nous avons aussi parlé des actes de partage, nous croyons devoir observer que l'on doit facilement penser que l'héritier qui reçoit un immeuble dans une succession a droit de posséder tous les avantages qui y sont attachés (2) ; que cependant il n'en serait pas ainsi si l'importance de ce droit était telle qu'il produirait une inégalité choquante dans la composition des lots et que l'on doit en dire autant pour les actes de vente, si l'exercice de ce droit produisait ce résultat qu'il n'y aurait plus aucune proportion raisonnable entre la chose et le prix et pour les actes d'échange, s'il devait produire une inégalité telle qu'il ne serait pas possible de croire que les parties contractantes aient prévu et accepté un pareil résultat.

Enfin, si la vente a été faite par voie d'expropriation forcée, il est clair que le droit aux landes n'y est pas contenu, s'il n'a pas été très-formellement mentionné, puisqu'il est de principe qu'il ne peut y avoir vente que pour ce qui a été formellement compris dans le procès-verbal de saisie.

Nous aurions terminé sur cette partie, si nous ne devions pas parler du plus grave motif de retard qui a existé pour

(1) Voir arrêt du 28 mai 1869.
(2) Voir arrêt du 19 décembre 1840.

le partage et la mise en valeur des terres vaines et vagues. Ce n'est plus une difficulté de droit que la jurisprudence est appelée à éclairer, mais c'est un empêchement résultant de la nature même des actions judiciaires en partage. Nous voulons parler des frais énormes qu'elles entraînaient avant la promulgation de la loi de procédure dont nous allons bientôt nous occuper.

Le plus souvent le nombre des ayants droit était considérable; il fallait une entente entre eux, chose singulièrement difficile à obtenir; il fallait une direction, mais il fallait surtout des fonds pour payer les dépens d'instance qui étaient démesurément élevés. Combien de fois n'a-t-on pas vu l'état des frais d'un demandeur en partage s'élever à des sommes que l'on pourrait dire fabuleuses (1)? Combien de fois n'a-t-on pas vu les frais d'une action judiciaire en partage équivaloir à l'importance des droits à revenir aux intéressés ! Il y avait là un abus et un obstacle à l'introduction des actions en partage, dont le bénéfice le plus certain ne revenait pas aux parties sous les noms desquelles elles étaient poursuivies. A ce fait si grave, il faut ajouter les lenteurs interminables des procédures, les décès, les minorités et la difficulté d'appeler en cause tous les intéressés, ce qui permettait de revenir, pendant de longues années, contre des partages consommés. Tout cela réuni appelait une sage réforme et elle a été opérée par la loi de procédure du 6 décembre 1850, que nous allons maintenant étudier dans ses dispositions, destinées à faciliter les partages des terres vaines et vagues en abrégeant les délais et en diminuant notablement les frais judiciaires.

(1) L'état des frais taxés du demandeur en partage des landes de Bains (arrondissement de Redon) s'est élevé à 75,000 fr. environ.

TROISIÈME PARTIE.

De la Loi de procédure du 6 décembre 1850.

En 1848, plus de 80,000 hectares de landes n'étaient pas encore partagés, et sur les demandes réitérées des jurisconsultes bretons et des ayants droit, les députés qui représentaient au sein du parlement les cinq départements composant l'ancienne province de Bretagne se mirent en devoir de proposer et de soutenir un projet de loi qui, remédiant aux inconvénients du mode de procéder indispensable et légal qui existait alors, pût faire accélérer la mise en valeur et le partage des vastes terrains encore improductifs à cette époque. Le premier projet fut présenté par ces députés à l'Assemblée constituante; mais avant qu'il fût discuté, cette Assemblée disparut et fut bientôt remplacée par l'Assemblée législative, où plusieurs de ses membres, dont l'un même a attaché son nom à la loi actuelle, le représentèrent. Le projet fut soumis à l'examen de la Cour de Rennes et du Conseil d'État, et enfin, après de graves modifications, il fut adopté le 6 décembre 1850, et c'est cette loi seule qui, maintenant, trace la marche à suivre pour arriver au partage des terres vaines et vagues de l'ex-province de Bretagne.

CHAPITRE PREMIER.

De la procédure en première instance.

L'art. 1er de la loi du 6 décembre 1850, sorte d'entrée en matière, est ainsi conçu :

« ART. 1er. — Dans les cinq départements composant » l'ancienne province de Bretagne, la procédure pour par- » venir au partage des terres vaines et vagues, dont la » propriété, *reconnue* par l'art. 10 de la loi du 28 août » 1792, est restée indivise jusqu'à ce jour, sera suivie con- » formément aux dispositions ci-après. »

Ce premier article de la loi donna lieu à un examen des plus approfondis de la part de ses promoteurs, et les termes qui le composent ne furent définitivement arrêtés et adoptés qu'après de nombreuses réflexions. Des expressions employées l'on peut conclure, d'accord avec la jurisprudence, que la loi n'a pas pour seul et unique but de réglementer le partage des terres vaines et vagues sur lesquelles les anciens vassaux, inféodés jadis du droit de communer, possèdent aujourd'hui par conversion un droit de propriété, mais qu'elle s'applique de même aux terres vaines et vagues accensées, arrentées ou afféagées avant la promulgation de la loi du 28 août 1792. Aussi la loi de procédure qui nous occupe nous dit que la propriété en a été *reconnue* en 1792. Ce mot, qui fut adopté dans la rédaction définitive après plusieurs essais, nous prouve que le législateur n'a entendu établir aucune distinction entre les afféagistes, arrentataires ou accensitaires et les inféodés du droit de communer, auxquels elle procure les mêmes avantages : la célérité et l'économie (Voir un arrêt de la Cour de Rennes du 6 février 1851).

La loi du 6 décembre 1850, outre qu'elle est spéciale à l'ancienne province de Bretagne, comme a le soin de le faire remarquer son art. 1er, est une loi d'exception et de faveur, et cette considération suffit pour qu'il soit indispensable d'en circonscrire la portée; la chose est, du reste, facile à raison de la précision des énonciations qu'elle a employées. Quel est, en effet, l'objet de cette loi? C'est la procédure relative au partage des terres vaines et vagues en Bretagne. Il s'ensuit, par conséquent, que l'action purement *réelle* est seule soumise à ses règles, et qu'elles ne sauraient s'étendre à aucune autre demande que la demande en partage ni à aucun autre objet; c'est ce qu'a admis la jurisprudence en décidant que des rapports de jouissance, par exemple, ne pourraient être déterminés par des experts parce que la demande serait alors *personnelle* et *mobilière* et devrait, en conséquence, être poursuivie suivant les règles ordinaires de la procédure, la loi étant formelle et ne s'appliquant qu'à un objet unique : *le partage* (Voir un arrêt de la Cour de Rennes du 27 février 1851).

Remarquons enfin que cet arrêt que nous citons a décidé de plus que cette loi était applicable au partage, alors même que les terres vaines et vagues, qui en font l'objet, ont été mises en culture, soit avant, soit après la demande.

L'art. 2 commence la série des réformes qu'elle introduit dans l'instance en déclarant que la demande en partage doit être notifiée par voie d'affiches et publications, et qu'elle doit contenir, avec la désignation des terres à partager, la mention expresse qu'elle vaut ajournement à l'égard de tous les prétendants droit. Cette prescription, contraire à celles du droit commun, est grave, car elle modifie beaucoup les frais et les formalités. Outre que le nombre des défendeurs, dans les actions de cette nature, est la plupart du temps très-considérable, leurs droits et leurs qualités ne peuvent être exactement déterminés et appréciés que par le partage définitif; s'il n'était pas complétement impossible de notifier à tous les défendeurs l'exploit introductif d'instance, l'obligation de les assigner tous était presque toujours une source de retards, de difficultés et, ajoutons aussi, de frais considérables. Cette substitution que fait la loi nouvelle a pu causer préjudice à quelques intéressés peut-être, mais il est indiscutable que ce mode d'ajournement par affiches et publications, emprunté par le législateur de 1850 aux usages de l'ancienne province, a été un bienfait considérable pour le plus grand nombre des ayants droit qui ont vu la procédure par là simplifiée et les frais notablement diminués.

Puisque d'après la loi la demande en partage vaut ajournement, il s'ensuit, comme conséquence, qu'elle doit contenir expressément toutes les indications nécessaires pour constituer un acte principal, introductif d'instance, tels que la date des jour, mois et an, les noms, professions et domiciles des demandeurs, et surtout la désignation claire et précise des terres vaines et vagues à partager, avec leurs noms, leurs surfaces et leurs débornements, afin que tout intéressé puisse les reconnaître facilement.

La demande, ainsi notifiée, une copie, conforme à l'original doit en être signifiée à chacun des maires des communes de la situation des terres à partager et une autre copie doit être affichée à la porte de la mairie, une dernière enfin doit être adressée au préfet pour tenir lieu, à l'égard des communes intéressées, du mémoire exigé par l'art. 51 de la loi du 18 juillet 1837. Enfin, la demande doit être publiée à l'issue de la messe paroissiale pendant les deux dimanches qui suivent l'apposition de l'affiche, formalité qui doit être constatée, sans frais, par un certificat du maire (art. 3).

Ainsi, d'après cet article de la loi, la commune reçoit, par exception, une signification, alors que tous les intéressés sont seulement appelés par un avertissement qui remplace les exploits d'huissier, et cette exception introduite dans la règle générale, paraît bien consacrer le droit des communes considérées comme étant dans une position exceptionnelle. Cette pensée fut du reste expliquée avec autant de clarté que de précision, dans la discussion de la loi, et MM. Victor Lefranc et Chegaray, contrairement à l'opinion de M. Favreau et de M. de Blois, firent adopter la nécessité de mettre la commune en cause. Le garde des sceaux appuya leur opinion et il fut établi que la demande, dont la copie est signifiée au maire est un véritable exploit introductif d'instance à l'égard de la commune, la liant virtuellement à la procédure. La loi de 1850 présume donc que la commune peut avoir des droits sur les terres à partager et cette décision de la loi nouvelle vient encore à l'appui de toutes les considérations que nous avons fait valoir dans la deuxième partie de notre thèse en faveur du droit des communes, d'exercer le cantonnement, si le terrain partageable situé dans leur circonscription excède la mesure des besoins à satisfaire. Nous expliquerons, du reste, bientôt les art. 19 et 21 de la loi, mais nous pouvons déjà dire que ces dispositions qui ordonnent que le jugement qui statue sur les contredits soit signifié au maire de la commune et au préfet du département, qui peut, à son défaut, faire valoir des droits qu'elle néglige de défendre, donnent une nouvelle force à l'opinion que nous avons émise et pour les mêmes motifs. Le législateur d'alors a donc admis pour règle, désormais à l'abri de toute discussion, que le cantonnement quand il était possible, était un droit pour les communes, et la discussion de cet article nous montre bien, que, quoi qu'en eût dit M. le Garde des sceaux dans le discours qu'il prononça à cette occasion, qualifiant la loi, de *loi de procédure, rien de plus, rien de moins*, la pensée de la Chambre fut celle que nous avons indiquée.

L'avoué du demandeur est tenu à faire insérer, dans l'un des journaux du lieu où siége le tribunal appelé à connaître de la demande ou à son défaut dans un des journaux du département un extrait, signé de lui, et contenant : 1° la date de la demande; 2° les nom, profession et domicile de l'un des demandeurs; 3° les nom, profession et domicile de l'avoué constitué pour les demandeurs; 4° l'objet de la demande; 5° le tribunal qui doit en connaître et le délai pour comparaître; 6° la désignation des terres à partager, et enfin justification de cette insertion doit être faite de la manière prescrite par l'art. 698 du Code de procédure civile, c'est-à-dire par un exemplaire de la feuille contenant l'insertion et portant la signature de l'imprimeur légalisée par le maire (art. 4 de la loi). Un extrait semblable, imprimé, doit être affiché : 1° à la porte de la principale église de chacune des communes où sont situées les terres à partager; 2° au lieu où se tient le principal marché de chacune de ces communes, ou à défaut, au marché le plus voisin; 3° à la porte de l'auditoire du juge de paix de chacun des cantons de la situation desdites terres; 4° à la porte extérieure du tribunal qui doit en connaître. L'apposition de ces affiches doit être constatée par un procès-verbal d'huissier, rédigé et visé conformément à l'art. 699 du Code de procédure civile, c'est-à-dire rédigé sur un exemplaire du placard et constatant que l'apposition a été faite aux lieux déterminés par la loi sans les détailler, et visé par le maire de chacune des communes dans lesquelles l'apposition a dû être faite (art. 5 de la loi).

L'audience doit être poursuivie un mois après la dernière des publications, insertions et affiches prescrites par un simple acte d'avoué à avoué, soit par le demandeur, soit à défaut par les défendeurs qui ont constitué avoué. Le tribunal, avant de statuer, soit sur les exceptions, soit sur le fonds, doit vérifier si toutes les formalités prescrites ont été remplies; et si elles ne l'ont pas été, il doit ordonner, même d'office, qu'il y soit procédé dans le plus bref délai, et condamner aux frais l'officier ministériel auquel la faute doit être imputée (art. 6 de la loi).

Lors de la première proposition qui fut présentée à l'Assemblée constituante, le 7 juillet 1848, l'art. 23 du projet fixait des délais dans lesquels les nullités de formes pourraient être proposées légalement; l'art. 5 du projet qui fut présenté par la commission de l'Assemblée législative, le 9 janvier 1850, renfermait une disposition identique; mais nous voyons, par ce qui est dit ci-dessus, qu'elle ne fut pas reproduite dans la rédaction qui fut définitivement admise; la peine de la nullité pour l'inobservation des formalités prescrites n'est prononcée nulle part, et l'on conçoit qu'il en devait être ainsi, puisque le but du législateur était de rendre la procédure aussi simple que possible. Au lieu de prononcer cette nullité, comme on le lui proposait, il a confié à l'attention vigilante du tribunal et à l'examen du ministère public le soin de la vérification de l'acomplissement des formalités ordonnées, et il a imposé aux juges le devoir d'ordonner l'exécution de celles qui auraient été omises, et la condamnation de l'officier ministériel aux frais résultant de sa négligence. Les nombreux intéressés sont donc traités par la loi, bien plus favorablement que si elle eût prescrit l'annulation de toute la procédure commencée, ce qui eût été pour eux une cause de frais et de retards considérables.

Un seul acte suffit pour proposer les exceptions et seuls, les avoués des parties qui veulent contester sont admis à conclure (art. 7 de la loi).

Les jugements rendus sur les exceptions autres que celles d'incompétence, sont en dernier ressort (art. 8 de la loi).

Enfin, l'exception prévue par l'art. 174 du Code de procédure civile, c'est-à-dire celle qui est fondée sur le droit au délai de trois mois pour faire inventaire et à celui de quarante jours pour délibérer, ne peut être invoquée; la défense à l'action en partage n'emporte pas attribution de qualité (art. 9 de la loi).

L'exception d'incompétence est, à coup sûr, la principale et la plus fréquente de toutes les exceptions qui peuvent être proposées. Le tribunal compétent est celui dans le ressort duquel sont situées les terres ou la majeure partie des terres vaines et vagues à partager. Il est admis aujourd'hui que lorsqu'il s'agit du partage des landes, l'action ne peut plus désormais être qualifiée d'action mixte et, par conséquent, être portée indifféremment devant le tribunal du lieu de la situation des biens ou devant le tribunal du domicile du défendeur. Un arrêt de la Cour de Rennes, en date du 15 mars 1858, l'a reconnu formellement et sa décision repose sur les motifs suivants : en thèse générale, une action qui s'applique exclusivement à des biens immobiliers peut, ce nonobstant, être réputée mixte, à raison de prestations personnelles que peuvent comporter entre les copartageants les obligations qui résultent du quasi-contrat que forme entre eux l'état d'indivision; il ne saurait en être de même lorsqu'il s'agit du partage des terres vaines et vagues en Bretagne. Le mode et les effets tout spéciaux de ce partage, qui ont été déterminés par le désir d'aboutir, le plus économiquement possible, entre une multitude d'intéressés, à des résultats irréfragables, supposent nécessairement que dans la volonté du législateur, la procédure devait être faite devant le tribunal de la situation des biens. Cette pensée devait, d'ailleurs, paraître suffisamment sanctionnée par les principes du droit commun, puisqu'un tel partage ne comporte jamais en fait, entre les copartageants, aucun compte ou retour de lot et qu'il consiste seulement dans une attribution de terrain aux ayants droit. Par suite, l'action en partage des terres vaines et vagues devait paraître essentiellement réelle. La pensée du législateur résulte, en outre, des termes mêmes de la loi et des formes exigées pour parvenir sûrement aux déchéances qu'elle prononce. Parmi ces formes exigées, on remarque des insertions dans un journal publié dans le ressort du tribunal devant lequel la demande est portée, et des affiches à la porte de ce tribunal. Ces publications qui sont très-efficaces pour mettre en demeure les intéressés, si elles sont faites au lieu où siége le tribunal de la situation des biens, n'auraient plus aucune portée si le demandeur pouvait choisir le tribunal où l'un des nombreux défendeurs a son domicile. Il serait enfin impossible de comprendre comment, alors que la surveillance des maires et du préfet du département est provoquée, et lorsque les intéressés, avertis seulement par des publications, sont tenus d'intervenir dans l'instance, quelquefois dans des délais déterminés et sous peine de diverses déchéances plus ou moins rigoureuses, la procédure pourrait être intentée et suivie ailleurs qu'au lieu même de la situation des biens.

Quant à cette dérogation faite par la loi nouvelle à la règle qui accorde à l'héritier de l'une des parties en cause trois mois et quarante jours pour accepter ou répudier la succession et prendre une détermination sur la reprise d'instance, elle trouve sa justification, selon les expressions du premier rapporteur, M. de Blois, dans ces motifs : « qu'un partage de terres vaines et vagues ne peut guère » engager d'une manière notable la fortune des plaideurs, » et que lorsqu'ils sont en grand nombre, le cas de décès, » qui pourrait se multiplier en raison même des retards de » la cause, menacerait de la soumettre à des lenteurs inter- » minables, s'il était permis d'invoquer dans tous les cas » cette exception dilatoire. On a cru la restreindre dans les » limites convenables, en décidant que la continuation des » poursuites par l'héritier de l'un des défendeurs n'impli- » querait pas, de sa part, attribution de qualité. »

Le décès ou le changement d'état de l'un des défendeurs ne donne lieu à aucun délai pour reprise d'instance. En cas de décès ou de changement d'état de l'un des demandeurs, l'instance doit être reprise dans le délai de huit jours, à compter de la notification du décès ou du changement d'état, par ceux qui le représentent, sans qu'il soit besoin d'assignation à cette fin. Si l'un des avoués de la cause vient à décéder ou à être destitué ou interdit, ou bien encore s'il vient à donner sa démission, les parties qu'il représentait sont tenues de constituer un nouvel avoué dans le délai de quinze jours. A la requête de la partie la plus diligente, l'instance poursuit son cours après l'expiration de ces délais (art. 10 de la loi).

Si aucune exception n'est proposée ou si le jugement de celles qui l'auraient été a été rendu, chaque avoué est tenu de prendre ses conclusions. Les conclusions, pour lesquelles aucune requête en réponse n'est admise, ne peuvent excéder six rôles.

Le tribunal doit rendre son jugement un mois après le premier appel de la cause, et ce jugement n'est susceptible d'opposition, ni de la part des parties qui n'ont pas constitué avoué, ni de la part de celles qui, ayant constitué avoué, n'ont pas déposé leurs conclusions. S'il y a lieu, le tribunal doit ordonner le partage et nommer d'office un ou plusieurs experts, dont il détermine la base d'opérations. Ces experts doivent prêter serment devant le président du tribunal ou devant un juge de paix commis par lui, à la requête et en présence de l'avoué du demandeur.

Le tribunal peut ne commettre qu'un seul expert, alors même qu'il y aurait des mineurs ou autres incapables en cause. Enfin, le jugement ordonnant le partage ne confère aux parties aucun droit sur le terrain à partager (art. 11 de la loi). Il est facile d'expliquer cette dernière disposition. Le partage, en effet, ne commence qu'avec l'expertise, et les débats préliminaires ont pour seul et unique but de faire vider les questions de propriété qui pourraient entraver l'opération. C'était, du reste, une nécessité que la loi décidât que le jugement qui ordonne le partage n'établirait aucun préjugé en faveur de ceux qui y sont dénommés, car il n'est pas impossible qu'il puisse arriver qu'une partie, qui a figuré dans l'instance comme copartageante, soit éliminée du nombre des ayants droit, après l'examen et la confrontation des titres.

La partie assignée ou intervenante qui revendique tout ou portion du terrain en litige, à un autre titre que l'attribution contenue dans la loi du 28 août 1792, doit proposer ses moyens par des conclusions motivées, notifiées à tous les avoués en cause.

Sont seuls admis à conclure, les avoués dont les parties veulent contester, et les conclusions tant en demande, qu'en défense, ne peuvent excéder douze rôles (art. 12).

Ainsi, pour qu'une partie assignée ou intervenante soit tenue de proposer ses moyens par des conclusions motivées et notifiées à tous les avoués en cause, il faut qu'elle revendique à tout autre titre que l'attribution contenue dans la loi du 28 août 1792, car si elle s'appuyait sur cette loi, ses revendications n'auraient pas besoin d'être appuyées par des conclusions motivées et signifiées. Les expressions de l'art. 12 de la loi de procédure sont générales; le projet précédent portait : « dans l'art. 10 de la loi du 28 août 1792, » et c'est pendant la troisième lecture du projet de loi à l'Assemblée, que M. Chegaray fit observer, que si l'on n'indiquait que l'attribution faite par l'art. 10 de la loi, on pouvait compromettre le droit et l'intérêt des communes, droit qui selon la jurisprudence de la Cour de cassation se trouvait moins dans l'art. 10 que dans l'art. 9 de la loi. L'amendement fut accepté par la commission, et il est indiscutable qu'il suffit qu'un intéressé fonde ses prétentions sur un article quelconque de la loi de 1792, pour être soumis à la procédure inaugurée par la loi de 1850.

Le jugement à intervenir sera considéré comme rendu avec tous les ayants droit. « Le concours de tous les ayants » droit aux débats qui occupent la première période, a dit » M. de Blois, n'est pas aussi important qu'il peut l'être » dans le cours des procès ordinaires. C'est assez, en effet, » pour la garantie des intérêts propres aux copartageants, » que la masse y soit assez fidèlement représentée pour » que toute prétention mal fondée à une propriété exclusive » rencontre de sérieux contradicteurs. C'est assez aussi, » pour la garantie des droits des tiers, que les contestations » de propriété puissent se produire avec une entière liberté. »

Les demandes en distraction ou revendication des landes non fondées sur la loi du 28 août 1792 doivent être jointes à la demande principale. La loi du 6 décembre 1850 n'a pas entendu, en effet, qu'elles fussent soumises au tribunal et jugées par lui, en suspendant les opérations de la demande principale. Dérogatoire au droit commun, temporaire, la loi a eu pour but, comme nous l'avons dit, de rendre plus prompte et moins dispendieuse la répartition attributive des terrains indivis; il faut donc écarter de la procédure toute spéciale qu'elle a organisée les difficultés et les complications qui pourraient rendre illusoires et inutiles ses dispositions. Elle embrasse, du reste, toutes les terres arrentées, afféagées ou accensées, ou enfin inféodées du droit de communer, que la propriété en soit établie par des titres antérieurs à la loi du 28 août 1792 ou qu'elle puise son origine dans cette loi elle-même, car il y a parité de motifs à en soumettre le partage à des formes plus expéditives. Le législateur, en édictant l'art. 12, que nous avons rapporté plus haut et par lequel il a décidé que celui qui revendiquerait la propriété du terrain en litige serait tenu de proposer ses moyens par des conclusions motivées, notifiées à tous les avoués en cause, n'a pas ajouté que cette demande incidente serait soumise au tribunal et jugée par lui, en interrompant les opérations de la demande principale, ce qui, en troublant l'économie de la loi, eût contrarié sa pensée. En édictant, au contraire, les art. 13 et suivants, que nous développerons tout à l'heure, il a disposé implicitement que toutes les parties principales ou intervenantes, copartageantes ou demanderesses, en revendication, remettraient leurs titres aux experts, qui devront donner leur avis sur les droits de chacune; il a voulu de même que les contredits des intéressés fussent portés à l'audience et que le tribunal statuât sur toutes les contestations.

Il s'ensuit qu'à l'exception des revendications fondées sur

la loi du 28 août 1792, qui, comme nous l'avons vu, n'ont pas besoin d'être appuyées par des conclusions motivées et signifiées, toute autre demande en distraction ou revendication de landes à partager doit être jointe à la demande principale et suivre la procédure prescrite pour elle. Au surplus, la loi spéciale de 1850 ne règle pas seulement la procédure du partage des terres vaines et vagues à l'égard des copartageants, elle la réglemente encore à l'égard de tous les intéressés, parties ou non dans l'instance en partage, puisque, aux termes de l'art. 20, § 2 de ladite loi, les réclamations postérieures au jugement définitif ne peuvent donner droit, comme nous le verrons bientôt, qu'à une indemnité, et que suivant l'art. 14, les experts sont obligés de donner leur avis sur les droits des intéressés qui ne sont pas parties dans l'instance et qu'ils croiraient devoir être admis d'office au partage, pour être statué par le tribunal, même en ce qui les concerne et en leur absence, sauf leur droit de contester et de contredire (Voir arrêt de la Cour de Rennes en date du 1er juillet 1858).

Les parties qui ont constitué avoué doivent être prévenues, par de simples lettres des experts, qu'elles doivent leur remettre, dans le délai de quinze jours au plus tard, leurs titres de propriété et l'indication des immeubles à raison desquels elles demandent à être admises au partage.

En outre, les experts doivent faire afficher un avis portant qu'ils recevront les titres et demandes de tous les intéressés, même de ceux qui ne sont pas dans l'instance. Ces affiches doivent être apposées : 1° à la porte de la mairie et à celle de la principale église des communes où sont situés les biens à partager; 2° aux endroits mentionnés aux nos 2, 3 et 4 de l'art. 5, c'est-à-dire au lieu où se tient le principal marché, à la porte de l'auditoire du juge de paix et à la porte extérieure du tribunal.

Le dimanche qui suit l'apposition des affiches, l'avis donné par les experts doit être publié à l'issue de la messe paroissiale des communes de la situation, et il doit, en plus, être inséré dans le même journal qui, conformément à l'art. 4, a publié l'extrait de la demande. Enfin, les experts doivent faire mention dans leur rapport de l'accomplissement de ces formalités (art. 13 de la loi).

Ces préliminaires terminés, les experts doivent donner leur avis, tant sur les demandes et prétentions des parties en cause que sur les droits des intéressés qui ne seraient pas dans l'instance et qu'ils croiraient devoir être admis d'office au partage. Ils doivent enfin dresser leur projet de partage conformément à cet avis et aux bases déterminées par le tribunal.

Un délai de quatre mois, partant de la date de la sommation faite en exécution de l'art. 307 du Code de procédure civile (1), est accordé aux experts qui devront à son expiration l'avoir terminé, à moins que le jugement qui les a commis n'ait fixé un délai plus long, sous peine de dommages-intérêts, s'il y a lieu. — Le rapport est déposé au greffe où toute personne peut en prendre communication; il n'est ni expédié, ni signifié (art. 14 de la loi).

La mission conférée par la loi aux experts est, comme nous le voyons, des plus importantes; ils peuvent recevoir communication des titres et demandes des parties intéressées, et ils sont chargés de donner leur avis sur les droits de celles qui ne seraient pas dans l'instance et qu'ils croiraient devoir être admises d'office au partage. La loi n'a pas limité les

(1) Art. 307, Procéd. civ. : Après l'expiration du délai ci-dessus, la partie la plus diligente prendra l'ordonnance du juge et fera sommation aux experts nommés par les parties ou d'office pour faire leur serment, sans qu'il soit nécessaire que les parties y soient présentes.

modes d'information auxquels ils peuvent recourir; ce sont les tribunaux qui doivent les fixer, et ils peuvent les charger de consulter la matrice cadastrale et le rôle des contributions et d'y relever les noms des propriétaires inscrits comme ci-devant vassaux de tel fief ou comme habitants de tel village. Les experts doivent aussi fixer les anciennes limites des fiefs, ce qu'ils feront en appliquant les anciens titres aux terrains, et dans le cas où il y aurait combat de fiefs, ils doivent se conformer aux règles que nous avons indiquées dans la seconde partie de ce travail, c'est-à-dire donner la préférence aux aveux les plus réguliers, accompagnés de possession conforme. Ils doivent enfin ne pas oublier, en faisant leurs recherches, qu'il était fréquent jadis de donner dans les actes des qualifications impropres. Quelquefois, en effet, le possesseur d'un fief était présenté comme seigneur des héritages qu'il possédait, alors qu'il était simplement vassal; seigneur signifiait alors simplement propriétaire. Il en est de même de la qualification de fiefs donnée à d'anciens champs qui n'étaient qu'une partie du fief servant ou du domaine utile.

L'avoué du demandeur doit dénoncer le dépôt du rapport, par acte d'avoué à avoué, avec sommation de contredire dans le mois. Avis de ce dépôt avec semblable sommation, de contredire dans le même délai, doit être affiché, publié et inséré, sans mentionner le nom des parties, comme il est dit en l'art. 13, par les soins du demandeur. Enfin, on doit justifier de cette insertion et de ces affiches, selon les règles des art. 698 et 699 du Code de procédure civile (art. 15 de la loi).

Les contredits doivent être inscrits sommairement par l'avoué à la suite du rapport dans le même délai d'un mois à peine de forclusion. Le demandeur, ceux qui auront contredit les parties dont les droits seraient contestés seront seuls en cause. Enfin la loi limite les conclusions à six rôles, et déclare que la cause doit être portée à l'audience sur un simple acte (art. 16 de la loi).

Les experts procèdent au partage après le jugement des contestations ou à l'expiration du délai d'un mois s'il n'a été fait aucun contredit. Le partage doit avoir lieu par attribution de lots (art. 17 de la loi).

La loi ordonnant par son art. 16 que les contredits soient inscrits au greffe à la suite du rapport, sous peine de forclusion, il s'ensuit évidemment, que s'ils sont seulement signifiés aux avoués de la cause dans le délai d'un mois, ils ne peuvent être d'aucune utilité.

Quant au partage par attribution de lots il s'explique facilement. Chacun des copartageants a droit ainsi que le disait M. de Blois, dans son premier rapport, à une quantité de terrain proportionnée à l'importance des héritages en raison desquels, il était inféodé du droit de communer. Les lots doivent donc être inégaux et ils perdraient la plus grande partie de leur valeur pour celui qui doit les recueillir s'ils ne pouvaient être annexés à ses héritages voisins.

Le rapport définitif des experts doit être déposé au greffe et aucune signification ou expédition n'en est faite. Les intéressés peuvent cependant s'en faire délivrer à leurs frais une expédition ou des extraits.

Les avoués doivent être sommés d'en prendre communication et de contredire, s'il y a lieu, et leurs contredits doivent être inscrits à la suite du rapport de la manière et dans le délai prescrit par l'art. 16, et c'est conformément à cet article qu'il doit être statué sur ces contredits (art. 18 de la loi).

Le jugement qui y statue prononce définitivement sur le

partage. Il ne peut être signifié qu'aux avoués des parties qui ont pris part à ce débat. En outre, le jugement doit être signifié dans l'intérêt de tous les ayants droit par le demandeur, ou à son défaut par la partie la plus diligente, au maire de la commune de la situation des terres à partager et au préfet du département.

S'il n'est fourni dans le mois aucun contredit, le partage demeure définitivement arrêté conformément aux propositions des experts. Une ordonnance du président du tribunal, laquelle n'est susceptible ni d'opposition ni d'appel, rend leur rapport exécutoire (art. 10 de la loi).

Dans le projet primitif, la signification du jugement au maire de la commune et au préfet du département n'était pas exigée. Ce fut lors de la troisième lecture que cette phrase, du premier paragraphe de l'art. 10, fut adoptée. M. Chegaray avait proposé un amendement ainsi conçu : « Le jugement sera, en outre, signifié au maire de la com- » mune de la situation des terres à partager et au préfet du » département, » et il l'expliquait en ce sens qu'il avait surtout pour but de consacrer en faveur de la commune, qui doit être mise en cause par une assignation au maire et au préfet, le droit d'appel, et d'attribuer ce droit d'appel non-seulement au maire, mais en cas de refus du conseil municipal, au préfet. Il ajoutait que le but qu'il se proposait se trouvait rempli par les nouvelles dispositions de l'art. 24 de la commission qui autorisait le préfet, non-seulement à intervenir pour la commune, mais à interjeter appel et à se pourvoir en cassation dans son intérêt.

MM. Favreau et de Blois soutinrent que la signification au maire et au préfet était inutile, en se fondant sur ce motif que la commune n'était pas nécessairement partie dans l'instance et pouvant y intervenir au même droit que les autres, il n'y avait de raison de lui faire une situation privilégiée et de la mieux traiter que les interdits et les mineurs.

Tel ne fut pas l'avis de M. le Garde des sceaux. La loi en discussion, disait-il, reconnaît dans les art. 3 et 24 que le préfet et le maire peuvent avoir intérêt à suivre la situation de la commune devant les diverses juridictions; or, pour exercer des pouvoirs, il faut connaître la décision rendue et, par conséquent, il est naturel de faire notifier le jugement définitif à ceux qui peuvent se pourvoir, c'est-à-dire au maire et au préfet. Qu'on ne vienne pas dire, ajoute M. le Garde des sceaux, que les communes n'étant pas souvent en cause ne pourront interjeter appel et que, par conséquent, la notification du jugement aux représentants des communes est inutile. Les communes, aux termes de l'art. 19, n'ont pas le droit de former tierce opposition et n'ont aucune voie de recours contre les partages consommés.

Or, que dit l'art. 3? Il oblige à une notification directe à la commune et lie l'instance avec elle, qu'elle comparaisse ou non. Si elle ne comparait pas, elle sera défaillante faute de comparaître; elle pourra être défaillante faute de plaider si elle a constitué avoué. La commune est liée à l'instance, car, si elle ne l'était pas, toutes les mesures de précaution prises en faveur des communes seraient inutiles. Qu'arriverait-il, en effet, si le préfet ne voulait pas intervenir? C'est qu'il se pourvoirait inutilement en cassation après le jugement, parce qu'on lui opposerait la fin de non-recevoir tirée de ce que la commune n'était pas partie en cause, et celle-ci n'ayant pas fait valoir son droit dès le premier jour, il périrait entre ses mains.

Il faut donc que la commune, qui est liée à l'instance, ait la faculté, si elle veut, de ne pas faire valoir ses droits:

mais que dans tout le cours du procès, avec le caractère que la tierce opposition ne lui sera pas permise, elle puisse interjeter appel ou enfin se pourvoir en cassation.

M. le Garde des sceaux insistait, en terminant, pour l'adoption de l'amendement de M. Chegaray, en lui donnant ce caractère que la signification du jugement définitif est d'autant plus indispensable que l'art. 3 a lié l'instance avec la commune.

La discussion se poursuivit cependant, et il en résulta qu'il fut déclaré que la conséquence nécessaire de l'amendement n'était pas que les communes eussent en tous cas des droits sur les terres à partager. M. Favreau dit que la commission acceptait ce mode de procédure, mais qu'elle demandait un complément à l'amendement. Il est de principe, dit-il, que la notification ne profite qu'à celui qui l'a faite; or, si toute partie en cause était obligée de notifier pour faire courir le délai de l'appel, il y aurait des frais considérables; il convient donc de donner à chacune d'elles le droit de notifier pour le fonds commun et dans l'intérêt de tous les copartageants.

M. le Garde des sceaux, tout en contestant la doctrine de M. Favreau, proposa d'ajouter à l'amendement une expression enlevant tous les doutes et de dire : le jugement sera, en outre, signifié par le demandeur ou, à son défaut, par la partie la plus diligente, dans l'intérêt de la masse, au maire de la commune, etc., mais en maintenant le principe, de façon que l'art. 3 fût interprété de manière que la notification du jugement définitif mette le maire et le préfet en situation de faire valoir les droits de la commune.

A la suite de ces explications, l'amendement complété, comme il est dit ci-dessus, fut adopté par la commission et voté par l'Assemblée.

Après le jugement ou l'arrêt qui statue sur les contredits ou à défaut de contredits, après l'expiration du délai fixé par l'art. 19, les partages opérés conformément à la loi ne peuvent être l'objet d'aucun recours de la part des intéressés mineurs, interdits ou autres incapables qui prétendraient avoir des droits sur les terres partagées en vertu de l'art. 10 de la loi du 28 août 1792, et qui n'auraient pas élevé de contredits sur le rapport des experts.

Les réclamations élevées à tout autre titre ne peuvent donner lieu qu'à une indemnité contre les copartageants (art. 20 de la loi).

Il suffisait, sous l'empire de l'ancienne législation, qu'une seule partie, parmi deux ou trois cents intéressés dans un partage, n'eût pas été appelée directement, ou que l'ayant été une première fois, l'instance n'eût pas été renouvelée avec elle dans les conditions exigées par le Code de procédure civile pour que l'instance fût entachée d'un vice de nullité, qui, invoqué quelquefois longtemps après, faisait dépérir le droit des parties et rendait inutiles les frais de la procédure accomplie. Il était donc nécessaire, pour réaliser le but que se proposait le législateur, d'édicter cette mesure sévère qui frappe de déchéance la partie qui, sans avoir été appelée directement par une assignation, n'a pas fait valoir son droit dans le délai voulu. L'instance a été entourée de publicité, et si un tiers n'a pas fait valoir le droit qu'il pouvait avoir en se fondant sur la loi de 1792, il ne peut exercer aucun recours contre le partage. Si, au contraire, la réclamation est fondée sur un autre titre, par exemple sur un titre particulier, le partage demeure encore intact, mais il est dû une indemnité par tous les copartageants à celui qui est lésé.

Quant aux communes, elles reçoivent, en la personne du maire, la notification du jugement, même si elles ne sont pas représentées au procès par avoué; elles sont donc considérées comme étant nécessairement dans l'instance, et elles peuvent par conséquent interjeter appel ou se pourvoir.

Avec le système adopté par la loi de 1850, il n'y a plus d'intervention, c'est au moyen d'un simple contredit, qui lui équivaut, que les parties interviennent. Ce contredit est exclusif de la tierce opposition, par cette raison bien simple que l'on est véritablement appelé dans une instance lorsqu'on s'y présente pour soutenir certains droits. Une commune n'est même pas recevable à former tierce opposition, en se fondant sur le défaut d'assignation, lorsqu'il est constant qu'elle a connu l'existence de la demande, et qu'elle a été avertie de son droit d'intervention; l'art. 3 de la loi de 1850, en exigeant que la demande en partage soit notifiée aux maires des communes, n'excluant pas toute autre manière de porter cette demande à leur connaissance, par exemple en les interpellant d'assister au procès-verbal de délimitation des fiefs, en les avertissant du dépôt de ce procès-verbal et en les sommant d'y contredire (Voir un arrêt de la Cour de Rennes, du 14 juin 1858, et un arrêt de rejet de la Cour suprême, du 26 avril 1859).

La loi ne fait aucune mention de la tierce opposition, son but a été la célérité et le définitif, aussi a-t-elle voulu la proscrire par ce motif que la publicité étant considérable, tous les intéressés étaient, par le fait, dûment appelés et qu'une fois appelés, elle avait favorisé leur intervention, en même temps qu'elle l'avait facilitée.

Les communes, comme les autres incapables, sont aussi bien atteintes par les dispositions de l'art. 20. Si elles n'ont pas formé de contredit dans les délais légaux et que leur droit soit fondé sur la loi de 1792, elles ne peuvent plus former aucun recours (arrêt de la Cour de Rennes du 6 août 1855, confirmé par la Cour de cassation).

Il a été jugé enfin, que si la loi du 6 décembre 1850 peut donner un caractère définitif au partage, même vis-à-vis des tiers, c'est à la condition qu'il soit entièrement consommé. Par conséquent, tant que la propriété n'est pas entièrement déplacée et fixée à nouveau par une attribution individuelle, l'opération n'est pas irrévocable et les tiers peuvent encore réclamer contre l'allotissement qui aurait été fait de leurs propriétés, dans les objets compris au partage (Voir l'arrêt de la Cour de Rennes, en date du 18 décembre 1869; voir aussi un arrêt de la même Cour, en date du 27 juillet 1858).

CHAPITRE II.

De la procédure en appel.

Un délai d'un mois seulement est concédé par la loi pour interjeter appel du jugement rendu dans l'instance en partage des terres vaines et vagues, et les parties seules, qui ont conclu en première instance sur les chefs qui donnent lieu à l'appel, peuvent être intimées. L'acte d'appel doit être seulement notifié au domicile de l'avoué, auquel il n'est remis qu'une seule copie, quel que soit le nombre des parties qu'il représente (art. 21 de la loi).

L'affaire doit être instruite et jugée en appel, dans les formes et suivant la procédure tracée par les articles précédents pour les tribunaux de première instance (art. 22 de la loi).

La loi a constamment eu le même but, la célérité et

l'économie; au lieu de signifier l'acte d'appel, à personne ou à domicile, selon l'art. 456 du Code de procédure civile, elle ordonne de le notifier seulement au domicile de l'avoué et elle a défendu qu'il lui en soit remis plus d'une copie, quel que soit le nombre des parties qu'il représente.

Ce délai d'un mois court de la signification du jugement rendu dans l'instance, en partage, et la loi n'ayant point distingué pour l'application de ce délai entre le partage et le sous-partage, il en résulte qu'il doit être le même pour l'un comme pour l'autre (Voir un arrêt de la Cour de Rennes, en date du 5 mars 1853).

Remarquons aussi que la loi embrasse toutes les actions et interventions ayant pour but de revendiquer des parcelles de terres, vaines et vagues à partager et que par conséquent les jugements qui statuent sur elle, étant des jugements rendus dans l'instance en partage, tombent sous l'application des termes généraux de l'art. 22. Cette remarque est essentielle, car si le jugement des revendications entraînait les délais et les notifications de la procédure ordinaire, il pourrait arriver souvent que les principes de célérité et d'économie, qui ont été le but de la loi, seraient compromis.

CHAPITRE III

Dispositions générales.

Le ministère public doit toujours être entendu dans les instances en partage (art. 23 de la loi). De nombreux intéressés y figurent ou sont appelés à y figurer et la loi a eu raison d'exiger que le ministère public donnât toujours son avis dans ces procès très-compliqués.

Dans la quinzaine de la demande en partage, le conseil municipal doit délibérer sur les droits de la commune à la propriété de tout ou partie des terres à partager et sa délibération doit être soumise au préfet dans la huitaine. Si la commune ne fait pas valoir les droits qu'elle peut avoir, le préfet peut les exercer devant le tribunal de première instance, de l'avis de trois jurisconsultes désignés conformément à l'art. 467 du Code civil (1), mais pour pouvoir interjeter appel, ou se pourvoir en cassation, il est nécessaire qu'il obtienne un nouvel avis dans la même forme. « Le délai de l'appel et du pourvoi, ajoute l'art. 21, en ce qui concerne les communes, *continuera* à être de trois mois. »

Les communes, pour ester en justice, doivent être autorisées, et les Cours sont compétentes pour examiner si l'autorisation est régulière. A chaque nouveau degré de juridiction il faut une nouvelle autorisation d'ester en justice, alors même que la première a été donnée à l'effet de suivre devant tous les tribunaux compétents (loi du 18 juillet 1837).

Si la commune n'a pas obtenu une nouvelle autorisation pour interjeter appel, cet appel vaut cependant, d'après une jurisprudence constante, comme acte conservatoire, la loi n'en prononçant pas la nullité et le bénéfice doit en être réservé pendant le délai nécessaire pour obtenir cette autorisation.

L'art. 21 que nous avons analysé ci-dessus fut ajouté au projet dans l'intervalle des deux dernières lectures. Il eut

(1) C'est évidemment par erreur que le texte de la loi rapporté dans la collection des lois de Duvergier, indique l'art. 420 du Code civil ; il ne peut s'agir ici que de l'art. 467.

deux buts : le premier de permettre au préfet, après un simple avis du conseil municipal, d'intervenir à défaut de la commune et dans son intérêt. Or, d'après l'interprétation qui fut donnée par la jurisprudence à l'art. 15 de la loi du 10 juillet 1837, il ne le pouvait pas, et la Cour de cassation avait précédemment rejeté un pourvoi formé par le préfet d'Ille-et-Vilaine, dans l'affaire du partage des landes de la commune de Pléchâtel, en se fondant sur cette raison, qu'un préfet ne pouvait exercer en matière de communaux les droits de la commune. Ce but a été atteint, et depuis l'adoption de cet article, le préfet du département peut intervenir si la commune ne fait pas valoir ses droits.

Le second but, qu'eurent en vue les auteurs de l'amendement, qui devint l'art. 24, fut d'excepter les communes de la disposition de l'art. 21, et de leur laisser le délai ordinaire en ce qui concerne l'appel et le pourvoi (1). Dans un mois, en effet, il est presque impossible de convoquer le conseil municipal, de transmettre son opinion, d'abord au sous-préfet, ensuite au préfet, et enfin aux trois jurisconsultes dont l'avis est exigé.

Depuis la promulgation de la loi de 1850, le délai de l'appel en matière civile a été réduit à deux mois par la loi du 3 mai 1862, et la question a été posée de savoir si cette loi de 1862 s'appliquait aux communes en matière de partage de terres vaines et vagues. La Cour de Rennes, par arrêt en date du 6 décembre 1869, adopta l'affirmative et déclara que l'appel notifié par une commune, plus de deux mois après la signification du jugement, était tardif et irrecevable. L'appel, fut-il dit dans les considérants de cet arrêt, est

(1) La loi eût pu se dispenser de parler du pourvoi. Il n'existe pas, en effet, dans la loi de texte qui ait réduit le délai pendant lequel le pourvoi peut être exercé.

soumis, en règle générale, en ce qui touche le délai à la loi du temps où le jugement a été rendu. Le délai, de deux mois, fixé par l'art. 2 de la loi du 3 mai 1862, est devenu celui du droit commun et est applicable à tous les appels, pour lesquels des délais exceptionnels n'ont pas été impartis expressément par des lois spéciales antérieures ou postérieures à celle du 3 mai 1862.

Or, loin d'avoir créé un délai spécial et exceptionnel pour les appels des communes en matière de partage de terres vaines et vagues, la loi du 6 décembre 1850 les avait expressément maintenus sous l'empire du droit commun. C'est ainsi qu'après avoit réduit par son art. 21 le délai à un mois pour les simples intéressés dans l'instance en partage, elle avait pris soin de déclarer dans l'art. 21 que pour les communes, le délai *continuerait* d'être de trois mois. Il résulte donc de ce texte, comme de l'esprit de la loi, qu'elle n'a créé aucun délai spécial pour les communes, et qu'au contraire elle a entendu les laisser à cet égard purement et simplement sous la règle du droit commun. Le délai ayant été par conséquent réduit à deux mois, en règle générale, les communes n'ont plus, à l'heure actuelle, que ce même délai de deux mois pour interjeter appel des jugements rendus en matière de partage de terres vaines et vagues.

Les jugements et arrêts contradictoirement rendus ne peuvent être signifiés à partie, et la simple signification à avoué produit tous les effets attachés par la loi à la signification à partie. Enfin, il ne doit être signifié à chaque avoué qu'une seule copie des arrêts et jugements, quel que soit le nombre des parties qu'il représente (art. 25 de la loi).

Tout intéressé peut intervenir à tous les moments de l'instance en partage; mais celui qui n'aurait pas remis aux experts ses titres et ses demandes dans le délai fixé par l'art. 14, c'est-à-dire dans le délai de quatre mois à dater de la sommation faite en exécution de l'art. 307 du Code de procédure civile, doit supporter tous les frais d'expertise ou autres auxquels son intervention tardive peut donner lieu (art. 26 de la loi).

Toute partie intéressée peut enfin se faire délivrer à ses frais des expéditions ou des extraits, en ce qui la concerne, tant des rapports définitifs rendus exécutoires par ordonnance du président du tribunal que des jugements et arrêts intervenus sur les contredits auxquels ces rapports ont pu donner lieu.

CHAPITRE IV.

Dispositions transitoires.

Après avoir réglé pour l'avenir la procédure des instances en partage des landes, la loi s'occupa des procès qui étaient pendants lors de sa promulgation et décida que si aucun jugement n'avait encore été rendu, la demande devait être notifiée par voie d'affiches et de publications, conformément aux art. 3, 4 et 5, et que l'instance serait suspendue jusqu'à ce qu'il ait été justifié de l'accomplissement de ces formalités.

Si, au contraire, le jugement ordonnant le partage était rendu, la loi prescrivait que ce jugement fût affiché et publié conformément aux mêmes articles et qu'un mois après cette publication et cette affiche, la procédure suivrait son cours conformément aux art. 13 et suivants (art. 28 de la loi).

Elle décida enfin que toute partie intéressée dans un acte ou jugement de partage, accompli avant sa promulgation, était autorisée à en faire la publication et l'affiche dans les formes déterminées par les art. 4 et 5, ces formalités profitant à toutes les parties intéressées au partage. Pendant un délai de deux années seulement à la suite de ces publications et affiches, les réclamations fondées sur l'art. 10 de la loi du 28 août 1792 étaient recevables, et si, dans ce délai, les réclamations produites donnaient lieu à un nouveau partage, il devait y être procédé conformément à la nouvelle loi. Enfin, après l'expiration du délai ci-dessus indiqué, les demandes formées à tout autre titre ne pouvaient donner droit qu'à une indemnité contre les copartageants (art. 29 de la loi).

Telle est l'économie de la loi du 6 décembre 1850 ; son but était, avons-nous dit déjà, d'accélérer le partage des terres vaines et vagues encore indivises au moment de sa promulgation et de diminuer les frais de la procédure. Nous croyons pouvoir dire, en terminant cette analyse, qu'elle l'a rempli, et le législateur de 1850 a été heureusement inspiré en l'édictant. A l'heure actuelle, il reste relativement peu de landes dans notre Bretagne, dont le partage n'ait été fait et la propriété déterminée. Dans quelques localités encore, les défrichements n'ont pas mis en valeur les immenses étendues de terrains improductifs qui ont été partagées ; mais chaque année voit s'élever de nouvelles clôtures et, à la place des bruyères, mûrir des moissons. L'expérience a montré que beaucoup de ces terrains étaient véritablement fertiles, et si l'ancienne Bretagne a vu sa richesse s'accroître dans de grandes proportions, elle doit l'attribuer en partie aux lois spéciales que nous nous étions proposé d'étudier ; son aspect a changé, mais elle est devenue plus féconde, et bientôt les landes bretonnes n'existeront plus qu'à l'état de souvenir.

La loi du 6 décembre 1850 avait prévu le résultat qu'elle entraînait; aussi, dans son dernier article, elle avait limité à vingt années, la durée de son existence. La loi générale devait donc reprendre son empire le 6 décembre 1870. Si, à cette époque, la plus grande partie des partages était déjà effectuée, ils ne l'étaient pas tous, et une prolongation de délai parut nécessaire; les dispositions de la loi de 1850 furent déclarées exécutoires jusqu'au 31 décembre 1880 par une nouvelle loi en date du 3 août 1870. Pendant près de trois années, cette procédure spéciale sera donc encore en vigueur, et il faut espérer que le législateur n'aura pas besoin de prolonger le délai qu'il a fixé à la durée de la loi de 1850.

APPENDICE.

Principales Dispositions législatives concernant les Terres vaines et vagues.

Loi du 28 août 1792. — Art. 9 et 10.

ART. 9. — Les terres vaines et vagues ou gastes, landes, biens hermes ou vacants, garigues, dont les communautés ne pourraient pas justifier avoir été anciennement en possession, sont censés leur appartenir, et leur seront adjugés par les tribunaux, si elles forment leur action dans le délai de cinq ans, à moins que les ci-devant seigneurs ne prouvent par titres ou par possession exclusive, continuée paisiblement et sans trouble pendant quarante ans, qu'ils en ont la propriété.

ART. 10. — Dans les cinq départements qui composent la ci-devant province de Bretagne, les terres actuellement vaines et vagues, non arrentées, afféagées ou accensées jusqu'à ce jour, connues sous le nom de communes, frost, frostages, franchises, gallois, etc., appartiendront exclusivement, soit aux communes, soit aux habitants des villages, soit aux ci-devant vassaux qui sont actuellement en possession du droit de communer, motoyer, couper des landes, bois ou bruyères, pacager ou mener leurs bestiaux dans lesdites terres situées dans l'enclave ou le voisinage des ci-devant fiefs.

Loi du 10 juin 1793. — Section IV, art. 1er.

Tous les biens communaux, en général, connus dans toute la République, sous les divers noms de terres vaines et vagues, gastes, garigues, landes, pacages, pâtis, ajoncs, bruyères, bois communs, hermes, vacants, palus, marais, marécages, montagnes, et sous toute autre dénomination quelconque, sont et appartiennent de leur nature à la généralité des habitants ou membres des communes, des sections de communes, dans le territoire desquelles ces communaux sont situés, et comme telles lesdites communes ou sections de communes sont fondées et autorisées à les revendiquer, sous les restrictions et modifications portées par les articles suivants.

Loi de procédure du 6 décembre 1850.

CHAPITRE Ier.

De la procédure en première instance.

Art. 1er. — Dans les cinq départements composant l'ancienne province de Bretagne, la procédure pour parvenir au partage des terres vaines et vagues, dont la propriété, reconnue par l'art. 10 de la loi du 28 août 1792, est restée indivise jusqu'à ce jour, sera suivie conformément aux dispositions ci-après.

Art. 2. — La demande en partage sera notifiée par voie d'affiches et publications.

Elle contiendra la mention expresse qu'elle vaut ajournement à l'égard de tous les prétendants droit et la désignation des terres à partager.

Art. 3. — Une copie de la demande sera signifiée à chacun des maires des communes de la situation des terres à partager.

Une autre copie sera affichée à la porte de la mairie.

Une dernière copie sera adressée au préfet; elle tiendra lieu, à l'égard des communes intéressées, du mémoire exigé par l'art. 51 de la loi du 18 juillet 1837.

La demande sera, en outre, publiée à l'issue de la messe paroissiale, les deux dimanches qui suivront l'apposition de l'affiche.

L'accomplissement de cette dernière formalité sera constaté sans frais par un certificat du maire.

Art. 4. — L'avoué du demandeur fera insérer dans l'un des journaux qui s'impriment dans le lieu où siége le tribunal devant lequel la demande est portée, et, s'il n'y en a pas, dans l'un de ceux publiés dans le département, un extrait de la demande signé de lui et contenant : 1° la date de la demande; 2° les nom, profession et domicile de l'un des demandeurs; 3° les nom et domicile de l'avoué constitué pour les demandeurs; 4° l'objet de la demande; 5° le tribunal qui doit connaître de la demande et le délai pour comparaître; 6° la désignation des terres à partager.

Il sera justifié de cette insertion de la manière prescrite en l'art. 698 du Code de procédure civile.

Art. 5. — Semblable extrait sera imprimé et affiché en forme de placard : 1° à la porte de la principale église de chacune des communes où sont situées les terres à partager; 2° au lieu où se tient le principal marché de chacune de ces communes, et s'il n'y en a pas, au marché le plus voisin; 3° à la porte de l'auditoire du juge de paix de chacun des cantons de la situation desdites terres; 4° à la porte extérieure du tribunal devant lequel le partage est poursuivi.

Ces oppositions seront constatées par un procès-verbal d'huissier, rédigé et visé conformément à l'art. 699 du Code de procédure civile.

Art. 6. — Un mois après la dernière des publications, insertions et affiches ci-dessus prescrites, l'audience sera poursuivie par un simple acte d'avoué à avoué, soit par le demandeur, soit, à son défaut, par les défendeurs qui auront constitué avoué.

Avant de statuer, soit sur les exceptions, soit sur le fond, le tribunal vérifiera si toutes les formalités prescrites par la présente loi ont été remplies. Si l'une ou plusieurs de ces formalités n'ont pas été remplies, le tribunal ordonnera, même d'office, qu'il y soit procédé dans le plus bref délai, et condamnera l'officier ministériel, qui serait en faute, aux frais causés par sa négligence.

Art. 7. — Les exceptions seront proposées par un simple acte. Les avoués des parties qui voudront contester seront seuls admis à conclure.

Art. 8. — Les jugements rendus sur les exceptions autres que celles d'incompétence seront en dernier ressort.

Art. 9. — L'exception prévue par l'art. 174 du Code de procédure civile ne pourra être invoquée; la défense à l'action en partage n'emportera pas attribution de qualité.

Art. 10. — Le décès ou le chagement de l'un des défendeurs ne donnera lieu à aucun délai pour reprise de l'instance.

En cas de décès ou de changement d'état de l'un des demandeurs, l'instance devra être reprise par ceux qui le représentent dans les huit jours qui suivront la notification du décès ou du changement d'état, sans qu'il soit besoin d'assignation à cette fin.

En cas de décès, démission, interdiction ou destitution de l'un des avoués de la cause, les parties pour lesquelles il occupait seront tenues, dans les quinze jours, de constituer un nouvel avoué.

Après l'expiration de ces délais, l'instance suivra son cours à la requête de la partie la plus diligente.

Art. 11. — Si aucune exception n'est proposée, ou après le jugement des exceptions, chaque avoué sera tenu de conclure.

Les conclusions signifiées ne pourront excéder six rôles. Il ne sera admis aucune requête en réponse.

Un mois après le premier appel de la cause, le tribunal rendra son jugement; ce jugement ne sera susceptible d'opposition, ni de la part des parties qui n'auront pas constitué avoué, ni de la part de celles qui ayant constitué avoué n'auront pas déposé leurs conclusions. Le tribunal ordonnera, s'il y a lieu, le partage demandé; il nommera d'office un ou plusieurs experts, et déterminera les bases de leurs opérations. Les experts prêteront serment devant le président du tribunal ou devant un juge de paix commis par lui, à la requête et en présence de l'avoué du demandeur.

Le tribunal pourra ne commettre qu'un seul expert, lors même que des mineurs ou autres incapables seraient intéressés au partage.

Le jugement qui aura ordonné le partage ne conférera aux parties en cause aucun droit sur le terrain à partager.

Art. 12. — La partie assignée ou intervenante qui revendiquera, à tout autre titre que l'attribution contenue dans la loi du 28 août 1792, la propriété en tout ou en partie, du terrain qui fait l'objet de la demande en partage, proposera ses moyens par des conclusions motivées, notifiées à tous les avoués en cause.

Les avoués, dont les parties voudront contester, seront seuls admis à conclure.

Les conclusions, tant en demande qu'en défense, ne pourront excéder douze rôles.

Art. 13. — Les parties qui auront constitué avoué seront prévenues par de simples lettres des experts, qu'elles doivent leur remettre, dans le délai de quinze jours au plus tard, leurs titres de propriété et l'indication des immeubles, à raison desquels elles demandent à être admises au partage.

Les experts feront, en outre, afficher : 1° à la porte de la mairie et à celle de la principale église des communes où sont situés les biens à partager; 2° aux autres endroits mentionnés aux n°s 2, 3 et 4 de l'art. 5, un avis portant qu'ils recevront les titres et demandes de tous les intéressés, même de ceux qui ne sont pas dans l'instance.

Cet avis sera, en outre, publié à l'issue de la messe paroissiale des communes de la situation, le dimanche qui suivra l'apposition de ces affiches.

Il sera de plus inséré dans le journal dans lequel aura été publié l'extrait de la demande, conformément à l'art. 4 qui précède.

Les experts feront mention dans leur rapport de l'accomplissement de ces formalités.

Art. 14. — Les experts donneront leur avis, tant sur les demandes et prétentions des parties en cause, que sur les droits des intéressés qui ne seraient pas dans l'instance, et qu'ils croiraient devoir être admis d'office au partage. Conformément à cet avis, et aux bases déterminées par le tribunal, ils dresseront le projet de partage.

Leur rapport sera terminé dans les quatre mois de la sommation faite en exécution de l'art. 307 du Code de procédure civile, à moins que le jugement qui les a commis n'ait fixé un délai plus long; ce délai expiré, ils seront passibles de dommages-intérêts s'il y a lieu.

Le rapport sera déposé au greffe, où toute personne pourra en prendre communication : il ne sera ni expédié, ni signifié.

Art. 15. — L'avoué du demandeur dénoncera le dépôt du rapport par acte d'avoué à avoué, avec sommation de contredire dans le mois.

Avis du dépôt, avec semblable sommation à tous les intéressés de contredire dans le même délai, sera par les soins du demandeur, affiché, publié et inséré comme il est dit en l'art. 13.

Cet avis ne contiendra point le nom des parties.

Il sera justifié de cette insertion et de ces affiches dans les formes tracées aux art. 698 et 699 du Code de procédure civile.

Art. 16. — Les contredits seront inscrits sommairement par l'avoué à la suite du rapport dans le délai susénoncé, à peine de forclusion.

Le demandeur, ceux qui auront contredit, et les parties dont les droits seraient contestés, seront seuls en cause.

Les conclusions ne pourront excéder six rôles.

La cause sera portée à l'audience sur un simple acte.

Art. 17. — Après le jugement des contestations, ou s'il n'a été fait dans le mois aucun contredit, les experts procéderont immédiatement au partage.

Le partage aura lieu par attribution de lots.

Art. 18. — Le rapport définitif des experts sera déposé au greffe : il ne sera ni expédié, ni signifié; toutefois, les intéressés pourront s'en faire délivrer, à leurs frais, soit une expédition, soit des extraits.

Les avoués seront sommés de prendre communication et de contredire s'il y a lieu.

Les contredits devront être inscrits à la suite du rapport, de la manière et dans le délai prescrits par l'art. 16.

Il sera statué sur ces contredits conformément au même article.

Art. 19. — Le jugement qui statue sur les contredits prononce définitivement sur le partage. Il ne pourra être signifié qu'aux avoués des parties qui auront pris part au débat sur les contredits. Le jugement sera en outre signifié, dans l'intérêt de tous les ayants droit, par le demandeur, ou à son défaut par la partie la plus diligente, au maire de la commune de la situation des terres à partager, et au préfet du département.

S'il n'est fourni dans le mois aucun contredit, le partage demeure définitivement arrêté, conformément aux propositions des experts. Leur rapport sera rendu exécutoire par une ordonnance du président du tribunal. Cette ordonnance ne sera susceptible ni d'opposition ni d'appel.

Art. 20. — Après le jugement ou l'arrêt qui statue sur les contredits ou à défaut de contredits, après l'expiration du délai fixé par l'article précédent, les partages opérés conformément à la présente loi ne pourront être l'objet d'aucun recours de la part des intéressés, mineurs, interdits ou autres incapables qui prétendraient avoir des droits sur les terres partagées, en vertu de l'art. 10 de la loi du 28 août 1792 et qui n'auraient pas élevé de contredit sur le rapport définitif des experts. Les réclamations élevées à tout autre titre ne pourront donner lieu qu'à une indemnité contre les copartageants.

CHAPITRE II.

De la procédure en appel.

Art. 21. — L'appel des jugements rendus dans l'instance en partage des terres vaines et vagues, devra être interjeté dans le mois de la signification du jugement.

Ne pourront être intimées sur l'appel que les parties qui auront conclu devant les premiers juges, sur les chefs qui donnent lieu à l'appel. L'acte d'appel sera notifié au domicile de l'avoué, il ne lui sera laissé qu'une seule copie quel que soit le nombre des parties qu'il représente.

Art. 22. — L'affaire sera instruite et jugée, en cause d'appel, dans les formes et suivant la procédure tracée par les articles précédents pour les tribunaux de première instance.

CHAPITRE III.

Dispositions générales.

Art. 23. — Le ministère public sera toujours entendu dans les instances réglées par la présente loi.

Art. 24. — Dans la quinzaine de la demande en partage, le conseil municipal délibérera sur les droits de la commune à la propriété de tout ou parties des terres à partager. Sa délibération sera soumise au préfet dans la huitaine.

A défaut par la commune de faire valoir les droits qu'elle pourrait avoir, le préfet pourra les exercer devant le tribunal de première instance, de l'avis de trois jurisconsultes désignés conformément à l'art. 420 du Code civil (1).

(1) Voir notre observation à ce sujet dans notre travail.

Le préfet ne pourra interjeter appel, ou se pourvoir en cassation, qu'après un nouvel avis obtenu dans la même forme.

Le délai de l'appel et du pourvoi, en ce qui concerne les communes, continuera à être de trois mois.

Art. 25.— Dans aucun cas, les jugements ou arrêts contradictoirement rendus ne pourront être signifiés à partie.

Il ne sera signifié à chaque avoué qu'une seule copie des jugements et arrêts, quel que soit le nombre des parties qu'il représente.

Art. 26. — Toute partie intéressée pourra intervenir à tous les moments de l'instance en partage ; néanmoins, les personnes qui n'auraient pas remis aux experts leurs titres et leurs demandes, dans le délai fixé par l'art. 14, supporteront tous les frais de supplément d'expertise ou autres auxquels leur intervention tardive donnerait lieu.

Art. 27. — Les parties intéressées pourront se faire délivrer, à leurs frais, soit des expéditions, soit des extraits en ce qui les concerne, tant des rapports définitifs rendus exécutoires par ordonnance du président du tribunal, que des jugements et arrêts intervenus sur les contredits auxquels ces rapports auraient donné lieu.

CHAPITRE IV.

Dispositions transitoires.

Art. 28. — Dans les instances en partage, actuellement pendantes devant les tribunaux, si aucun jugement n'a encore été rendu, la demande sera notifiée par voie d'affiches et de publications, conformément aux art. 3, 4 et 5; l'instance sera suspendue jusqu'à ce qu'il ait été justifié de l'accomplissement de ces formalités.

Si le jugement qui ordonne le partage a été rendu, il sera procédé, conformément aux mêmes articles, à l'affiche et à la publication dudit jugement; un mois après cette publication et cette affiche, la procédure suivra son cours conformément aux art. 13 et suivants.

Art. 29. — Toute partie intéressée dans un acte ou jugement de partage, accompli avant la promulgation de la présente loi, est autorisée à en faire la publication et l'affiche dans les formes déterminées par les art. 4 et 5.

Ces formalités profiteront à toutes les parties intéressées au partage.

Les réclamations fondées sur l'art. 10 de la loi du 28 août 1792 ne seront pas recevables après le délai de deux ans depuis ces publication et affiche.

Lorsque, par suite de réclamations produites dans ce délai, il y aura lieu à un nouveau partage, il y sera procédé conformément à la présente loi.

Après le délai ci-dessus indiqué, les demandes formées à tout autre titre ne pourront donner droit qu'à une indemnité contre les copartageants.

Art. 30. — La présente loi n'aura d'effet que pendant vingt années, à dater de sa promulgation.

Loi du 3 août 1870.

Article unique. — Les dispositions de la loi du 6 décembre 1850, dont les effets ont été limités à une période de vingt années, continueront d'être exécutoires jusqu'au 31 décembre 1880.

QUESTIONS CONTROVERSÉES.

DROIT ROMAIN.

I. — Les servitudes prédiales se distinguent en servitudes urbaines et servitudes rustiques, selon qu'elles impliquent ou non l'idée de construction.

II. — L'*actus* ne contient pas nécessairement l'*iter*.

III. — Justinien a maintenu la nécessité de la quasi-tradition pour l'établissement des servitudes *pactis et stipulationibus*.

IV. — Il est impossible de concilier la loi 8 et les lois 13 et 16 (Dig., *de castrensi Peculio*).

V. — Il n'y a aucune antinomie entre la loi 95, § 11 (D., XLVI, 3), *de Solutionibus et Liberationibus*, la loi 45 (D., XXVI, 7), *de Administratione et Periculo tutorum* d'une part, et la loi 15, § 1 (D., XLVI, 1), *de Fidejussoribus et Mandatoribus* d'autre part.

DROIT FRANÇAIS.

I. — La loi du 10 juin 1793 a-t-elle abrogé l'art. 10 de la loi du 28 août 1792? — Non.

II. — Sous l'empire de la loi du 28 août 1792, sur les terres vaines et vagues, les communes qui ne justifient pas de la possession du droit de communer ont-elles le droit d'intervenir dans un partage pour faire opérer un cantonnement à leur profit, lorsque la surface à partager dépasse les besoins des anciens inféodés? — Oui.

III. — Les ouvrages apparents dont parle l'art. 642 du Code civil doivent être faits sur le fonds supérieur.

IV. — Les distances prescrites pour les vues sont-elles obligatoires, même à l'égard des jours établis dans un simple mur de clôture? — Oui.

V. — L'action en révocation d'une donation pour cause d'ingratitude ne peut être continuée contre les héritiers du donataire.

VI. — La délibération du conseil de famille, qui refuse de conserver à la mère qui a convolé en secondes noces la tutelle de ses enfants mineurs, ne peut être l'objet d'un recours devant les tribunaux.

VII. — L'art. 860 du Code civil, d'après lequel le rapport des immeubles aliénés par le donataire est dû de la valeur de ces immeubles, à l'époque de l'ouverture de la succession, n'est pas applicable au cas d'aliénation forcée, comme une expropriation pour cause d'utilité publique. — En conséquence, c'est l'indemnité d'expropriation qui doit être rapportée, sauf déduction de la dépréciation qui, pour les parties non expropriées des immeubles donnés, résulte du retranchement forcé des autres parties.

VIII. — Le contrat par lequel deux époux communs en biens stipulent une assurance sur la vie au profit du survivant ne constitue pas une donation mutuelle et réciproque entre les époux, prohibée par l'art. 1097 du Code civil, mais une donation régulière et valable, qui donne au survivant un droit personnel et exclusif au capital assuré. En conséquence, l'attribution de ce capital à la femme survivante n'est pas assujettie à la condition qu'elle acceptera la communauté.

IX. — L'obligation imposée aux héritiers de la femme prédécédée d'inscrire son hypothèque légale dans l'année qui suit la dissolution du mariage, s'applique même au cas où les héritiers sont des enfants mineurs placés sous la tutelle légale de leur père.

X. — Les locataires sont solidairement responsables du dommage causé par l'incendie, non-seulement aux locaux qu'ils occupent à titre de bail, mais aussi à ceux qui sont habités par le propriétaire, sans que celui-ci soit obligé de prouver leur faute, même en ce qui concerne les lieux occupés par lui, pourvu, toutefois, qu'il prouve que l'incendie n'a pas commencé dans la partie qu'il occupe.

PROCÉDURE.

Le délai d'appel, dans les instances en partage de terres vaines et vagues, a-t-il été réduit à deux mois pour les communes par la loi du 3 mai 1862? — Oui.

DROIT COMMERCIAL.

La déchéance édictée par l'art. 436 du Code de commerce, pour défaut de signification des protestations dans les vingt-quatre heures et d'une demande en justice dans le mois, ne s'applique pas au cas où les marchandises ont été refusées par le destinataire, ce refus ne constituant pas une protestation formelle dans le sens de l'art. 435 du Code de commerce.

DROIT ADMINISTRATIF.

En principe, les servitudes d'utilité publique ne donnent pas droit à indemnité.

DROIT CRIMINEL.

La grâce peut-elle être refusée? — Non.

HISTOIRE DU DROIT.

La communauté tire son origine des habitudes d'association si fréquentes au moyen-âge.

ÉCONOMIE POLITIQUE.

Il est préférable d'avoir deux étalons monétaires.

DROIT NATUREL ET DES GENS.

La succession testamentaire est-elle fondée en droit naturel? — Oui.

Henry LEGEARD DE LA DIRIAYS.

Vu pour l'impression :

Le Doyen,

Ed. BODIN.

Vu :

Le Recteur,

J. JARRY.

TABLE DES MATIÈRES.

DROIT ROMAIN.

Des servitudes réelles.

DROIT FRANÇAIS.

Des terres vaines et vagues en Bretagne.

PREMIÈRE PARTIE.

Droit particulier de la province de Bretagne sur les terres vaines et vagues avant 1789.

DEUXIÈME PARTIE.

TROISIÈME PARTIE.

De la loi de procédure du 6 décembre 1850.

Oberthur et fils, imprimeurs de l'Académie.

www.ingramcontent.com/pod-product-compliance
Ingram Content Group UK Ltd.
Pitfield, Milton Keynes, MK11 3LW, UK
UKHW020149200726
13856UKWH00003B/910

9 782013 594479